Katharina Grünewald

Glückliche Stiefmutter

W0229410

Katharina Grünewald

Glückliche Stiefmutter

Geht's mir gut, geht's allen gut

KREUZ

© KREUZ VERLAG
in der Verlag Herder GmbH, Freiburg im Breisgau 2015
Alle Rechte vorbehalten
www.kreuz-verlag.de

Umschlaggestaltung: Verlag Herder
Umschlagmotiv: © Tamara Kulikova/123rf
Autorinnenfoto: © Jurga Graf

Satz: de·te·pe, Aalen
Herstellung: CPI books GmbH, Leck

Printed in Germany

ISBN 978-3-451-61323-4

Inhalt

Vorwort

Stiefmütter haben es nicht leicht. Ihr Familienalltag ist vielschichtiger als der einer Vater-Mutter-Kind-Familie und so steht jede Stiefmutter vor komplexen Aufgaben und Herausforderungen: Sie möchte mit ganzem Herzen die Geliebte des Mannes sein, soll aber Platz lassen für die Kinder seiner ersten Liebe. Sie soll eine liebevolle, mütterliche Bezugsperson sein, aber nicht die Mutter. Sie soll sich mit der Exfrau arrangieren, eventuell eigene oder gemeinsame Kinder erziehen und versorgen und möglichst selbstbewusst ihren eigenen Weg gehen. Zudem leiden viele Stiefmütter darunter, dass das Bild der »bösen« Stiefmutter aus den Märchen jedem Kind bekannt ist und für eine Vielzahl von Vorurteilen sorgt.

In meiner Praxis für Patchworkfamilien berate ich seit Jahren Stiefmütter. Dabei beobachte ich, dass Stiefmütter nicht nur von der Gesellschaft stiefmütterlich behandelt werden, sondern sich häufig auch selbst stiefmütterlich behandeln. Ihre Auseinandersetzung mit der Funktion und der Bedeutung ihrer Rolle in der Familie kommt häufig zu kurz, ebenso erkennen Stiefmütter oft nicht einmal selbst an, dass und wie sie ihre komplizierte Aufgabe in der Familie erfüllen. Das will ich mit diesem Buch ändern. Dabei geht es mir nicht darum, die Leserinnen und Leser mit psychologischen Theorien zu traktieren; sondern ich setze bei den Fragen und Begebenheiten im Alltag an, die mir

Stiefmütter in meiner Praxis darlegen, um anschaulich durch das emotionale Dickicht der heutigen Patchworkfamilie zu führen.

In meinem Buch gebe ich Anregungen dazu, wie die Stiefmutter sich heute in Beziehung zu den Kindern definieren kann. Ich zeige auf, wie Spielregeln und Rituale die Stiefmutter, aber auch die anderen Familienmitglieder wie ein Halt gebendes Geländer durch emotional schwierige Familienzeiten führen können. Ich mache deutlich, wie Konflikte, zum Beispiel durch auffällige Verhaltensweisen der Kinder ausgelöst, dazu führen können, dass sich die gesamte Familie weiterentwickeln, aber auch die Stiefmutter in ihrer Persönlichkeit wachsen und entfalten kann.

Die Stiefmutter heute hat das Recht und die Chance, glücklich zu sein und andere glücklich zu machen!

Die hier von mir beschriebene Selbstfürsorge für die Stiefmutter ist ein vorbildliches Prinzip für die ganze Familie. Sie ist die notwendige Voraussetzung für einen erfüllenden Familienalltag, in dem jeder seine Bedürfnisse wahrnehmen und artikulieren kann.

Ich wünsche mir, dass dieses Buch es schafft, eine neue Denk- und Sichtweise auf die Stiefmütterlichkeit zu lenken, sodass diese eine selbstverständliche Plattform darstellt, von der die Diskussion und die Entwicklung von Familie auch in unserer Gesellschaft weitergehen kann. In diesem Sinne wünsche ich Ihnen, Ihrer Familie und allen, die sich stiefmütterlich behandelt fühlen oder sich so behandeln, eine inspirierende Lektüre.

Kapitel 1

Stiefmutter-Sein – Wie geht das?

Das Märchen von der »bösen Stiefmutter«

»Stiefmutter« ist ein alter Begriff aus den vorherigen Jahr-hunderten. Damals bezeichnete er eine Frau, die nach dem Tod der Mutter in eine Familie kam und das Sagen hatte. Daher kommt die Redewendung »*stiefmütterlich* mit etwas umgehen«, die auch heute noch heißt »*schlecht* mit etwas umgehen«. Die Märchen haben die Beziehung zwischen Stiefmutter und -kindern in vielen Varianten beschrieben und dadurch das Bild der »bösen Stiefmutter« in der Gesellschaft verstärkt. Jeder hat beim Begriff »Stiefmutter« dieses Bild vor Augen: die böse Stiefmutter aus den Mär-chen, die ihre Stiefkinder in den Wald jagt, ungerecht und gemein behandelt, sie vernachlässigt und ausnutzt.

Natürlich ist die Beziehung einer Stiefmutter zu ihren Stiefkindern nicht immer nur durch Konkurrenz, Neid,

Missgunst, Herrschsucht und Eifersucht bestimmt. Warum gibt es keine anderen Geschichten, in denen sich eine liebevolle, authentische und respektvolle Beziehung entwickeln kann?

Heutzutage suchen viele Stiefmütter nach Vor- und Leitbildern, aber wer kann und will sich denn mit dem negativen Bild der märchenhaften Stiefmutter identifizieren? Gibt es solche bösen Stiefmütter überhaupt? Und wer würde sich mit Wissen dieser Geschichten von vornherein so bezeichnen und zu erkennen geben wollen?

Die heutige Stiefmutter

Heute leben die leiblichen Mütter meistens noch, die Kinder sind gut versorgt und die neuen Partnerinnen der Väter sträuben sich verständlicherweise gegen diesen negativen Begriff. Es gibt aber keinen anderen, der die Beziehung der neuen Partnerin zum Kind beschreiben könnte. Neuere Versuche, zum Beispiel Bonusmutter[1] oder Zweitmama, setzen sich nicht durch. Bonus ist mit einer kostenlosen Zugabe verknüpft, die oftmals nicht wertgeschätzt wird. Die Zweite zu sein widerspricht oft dem Wunsch, die Nr. 1 des Partners sein zu wollen. Eine Abwertung scheint also zwangsläufig damit verbunden zu sein. In der Regel wird die Beziehung zwischen neuer Partnerin und den Kindern des Vaters also nicht benannt, man ruft sich beim Vornamen oder beschreibt den Kontext über den Vater, zum Beispiel »Die Kinder meines Partners«, »Die Freundin meines Vaters«.

Aber wie ist die Beziehung zum Kind des Partners denn in der Realität? Was macht sie aus? Wie sieht es in den Patchworkfamilien aus? Wieso ist es so schwer, einen neuen Begriff zu finden? Wieso bleibt der alte so haften?

In meiner Kölner Praxis biete ich »Stiefmütter-Workshops«[2] an. Oftmals herrscht bei den Interessentinnen Verwirrung, ob man überhaupt teilnehmen darf. Darf man überhaupt diesen mächtigen Begriff für sich in Anspruch nehmen? Damit hätte man eine Bedeutung für die anderen Familienmitglieder und zusätzlich das Potenzial, in der Familie die Regie zu übernehmen. Die Stiefmutter nach altem Bild regelt den Haushalt, hat Kinder und Mann im Griff. Alles geschieht nach ihren Vorstellungen.

Davon sind die heutigen Stiefmütter meistens weit entfernt. Das alte Stiefmütterbild ist zwar negativ, aber macht- und damit reizvoll für Frauen, die gerne Teil dieser Familie sein wollen.

Fragen von Stiefmüttern in meiner Praxis sind zum Beispiel:

»Wenn die Mutter noch lebt, ich nicht in erster Linie in die Familie komme, um die Kinder zu versorgen, bin ich dann überhaupt eine Stiefmutter?«

»Wenn ich mit den Kindern meines Mannes gut auskomme, ich mich aber nicht für die Kinder verantwortlich fühle, bin ich dann eine Stiefmutter?«

»Wenn ich mich von den Kindern fernhalte, mich aus allem heraushalte und nur ›zu Besuch‹ da bin, wenn sie da sind, bin ich dann eine Stiefmutter?«

»Wenn die Mutter psychisch krank ist, das Kind in Gefahr gebracht hat und ich nun alles (natürlich in Absprache mit meinem Mann) tue, um das Kind mit all meiner Liebe zu retten, bin ich dann eine Stiefmutter?«

»Wenn der Sohn meines Mannes mich ›Mama‹ nennt, bin ich dann eine Stiefmutter?«

»Wenn kein Kontakt zu den Kindern meines Mannes besteht, bin ich dann eine Stiefmutter?«

»Wenn mein Mann die komplette Versorgung mithilfe einer Kinderfrau übernimmt, bin ich dann eine Stiefmutter?«

»Wenn mein neuer Partner schon erwachsene Kinder hat, bin ich dann noch eine Stiefmutter?«

Meine Antwort: Psychologisch gesehen ist jede Frau, deren Liebespartner ein Kind hat, eine Stiefmutter.

Die neuen Stiefmütter spüren deutlich die Nachteile, wenn man nicht mehr eindeutig in ein gesellschaftliches Bild oder eine Kategorie hineinpasst. Sie kommen nämlich nicht vor, sie fühlen sich nicht gesehen, nicht wahrgenommen und ringen ständig mit der Frage: Darf ich überhaupt sein? Muss ich mich unsichtbar machen? Darf ich eigene Ansprüche haben oder ist das schon »böse«?

Die Unsicherheit in der Rolle und Position der Stiefmutter ist groß und ebenso die Angst, die Beziehung zu den Kindern des Mannes falsch zu gestalten.

Aber was macht die Beziehung aus zwischen Kindern eines Mannes und seiner neuen Frau? Wie ist und funktioniert sie? Wie fühlt sie sich an? Was passiert zwischen den beiden?

Ich will zwei häufige Fallen, in die man als neue Partnerin eines Mannes mit Kindern tappen kann, aufzeigen. In den Beispielen[3] wird auch deutlich, dass die Frauen, die mit bestem Wissen und Gewissen ihre »gute Stiefmutterrolle« antreten und alles richtig machen wollen, schnell und ungewollt zur »bösen Stiefmutter« werden können.

Die Mutterfalle

Sabine, 32, weiß, dass Lukas, 7, eine Mutter hat und diese heiß und innig liebt. Lukas ist Ralfs Sohn. Sabine und Ralf kennen sich jetzt seit drei Jahren, seit einem Jahr sind sie zusammengezogen und jedes zweite Wochenende kommt Lukas zu ihnen. Am Anfang verstanden sich Lukas und Sabine sehr gut, sie haben zusammen gebacken, gekocht, gemalt, gebastelt, getobt und gespielt. Lukas tat Sabine leid, er musste so viel mitmachen. Ralf und seine Exfrau haben sich einen erbitterten Rosenkrieg geliefert und Lukas hat davon viel mitbekommen. Oft hat sie mit Lukas zusammen geheult und ihm einen warmen Kakao gemacht, ihn zu Bett gebracht und ihn getröstet. Sie kann nicht verstehen, wie Lukas' Mutter

17

ihrem Kind so etwas antun kann. Mütter wollen doch ihr Kind behüten und beschützen. Sabine hat Lukas ein Schutzengelchen gekauft, das auf Lukas aufpassen soll. Sie kauft immer Lukas' Lieblingsjoghurts, wenn er kommt, um zu zeigen, dass sie sich auf ihn freut. Sie fühlt sich wirklich verantwortlich und hat das Gefühl, sie kann einiges, was ihr Partner mit verursacht hat, wiedergutmachen. An den Lukas-Wochenenden guckt sie, dass sie viel Zeit hat, und vertröstet ihre Freundinnen und ihre Familie.

Seit einiger Zeit ist Sabine aber zunehmend unzufrieden mit der Situation. Sie bemüht sich immer noch um Lukas, hat aber das Gefühl, dass Lukas ein falsches Spiel spielt. Vor ein paar Wochen hat sie zufällig ein Telefonat mit seiner Mutter mitbekommen, bei dem Lukas sagte: »Nein, nein, dann bin ich mit Papa alleine, die Ziege fährt endlich weg!« Sabine fuhr am Abend zu einer Freundin und zu ihr hatte Lukas gesagt, dass er traurig sei, dass sie das Wochenende nicht da sei! Seitdem kann sie Lukas gar nicht mehr trauen, fühlt sich verraten und sieht nicht mehr ein, sich um ihn zu bemühen. Auf einmal fällt ihr auch auf, wie Lukas sie ausnutzt, letztendlich nur, um mit seinem Vater mehr Zeit zu haben. Sie bemerkt, wie sie »böse« Gedanken hat: »Der soll jetzt einfach ins Bett gehen! Ist doch egal, wenn er Angst hat. Da kommt er schon drüber! Völlig übertrieben, ihm jetzt noch eine Geschichte vorzulesen.« Letztes Wochenende hat sie extra andere Joghurts gekauft und sich extra mit ihrer Freundin verabredet, obwohl sie einen gemeinsamen Ausflug an dem Tag geplant hatten. »Sollen sie doch alleine fahren!«

Sabine ist in die Mutterfalle getappt. Obwohl Sabine genau weiß, dass sie nicht die Mutter ist, hat im Umgang mit Lukas ihr unbewusstes Mutterbild Regie geführt. Wahrscheinlich ist das aus eigenen Muttererfahrungen (als Tochter ihrer Mutter) und einer Muttersehnsucht entstanden. Sie hat mit bestem Wissen und Gewissen und mit Liebe für Lukas gesorgt und ihre eigenen Bedürfnisse gerne hintangestellt. Damit ist sie direkt in die Mutterkonkurrenz geraten. Lukas hat eine enge Bindung zu seiner Mutter, die er für nichts auf der Welt aufs Spiel setzen würde. Gleichzeitig genießt er Sabines Fürsorge und spürt, wie gut sie ihm tut.

Lukas muss nun aufpassen, dass er seine Bindung zu seiner Mutter nicht durch das Hingezogenfühlen zu Sabine gefährdet. Er steckt – natürlich unbewusst – in einem Loyalitätskonflikt.

Lukas braucht nun eine Doppelstrategie, um die Situation für sich zu lösen. Um die Zeit mit Sabine genießen zu können, muss er seine Mutter beruhigen. Das macht er, indem er die Formulierung seiner Mutter aufgreift und Sabine »Ziege« nennt. Ist diese Baustelle beruhigt, kann Lukas sich ganz dem Genuss mit Sabine hingeben. Dumm ist nur, wenn Sabine die Worte hört, die nicht für sie bestimmt sind.

Sabine fühlt sich getroffen. Ihre mütterliche, mitfühlende Liebe wird beschimpft, verraten und abgewertet. Das tut weh. Und schon fängt das Gedanken- und Gefühlsrad an, sich zu drehen. Aus der liebevollen, mütterlichen Sabine wird die bockige, abweisende bis hin zur gemeinen Sabine. Und schon ist der Weg frei zur »fiesen« Stiefmutter.

Die Prinzessinnenfalle

Wenn ich aufpasse, nicht in die Mutterfalle zu geraten, wie kann ich dann meine Beziehung zum Kind gestalten?

Claudia, 29, ist seit fünf Jahren mit Stefan, 36, zusammen. Karla, 9, ist ein süßes, niedliches Mädchen. Aktueller Anlass der Beratung sind heftige Streits in der Kleinfamilie, die die Kinderwochenenden zur Hölle werden lassen. Die Liebesbeziehung zwischen Claudia und Stefan steht (wieder einmal) kurz vor dem Aus.

Claudia erträgt Karla nicht mehr. Sie kann nicht mehr mit ihr essen, weil ihr schlecht wird, wenn sie sie schmatzen und »rumsauen« sieht. Sie haben die gemeinsamen Aktivitäten schon sehr reduziert, aber es geht im Moment noch nicht einmal mehr gemeinsames Fernsehen, weil es Claudia »ankotzt«, sich »dieses Gekuschel mit ansehen zu müssen«. Vater und Tochter sind immer ein Herz und eine Seele, und sie ist ständig das dritte Rad am Wagen. Ihr Partner stellt sich stets vor seine Tochter, eine Paarbeziehung gibt es eigentlich nicht, wenn Karla da ist. Sie vermisst ihren liebenden Partner, der er ist, wenn Karla nicht da ist. Deshalb sind sie auch noch zusammen, weil die Zeiten ohne Karla wunderbar sind. Was ist da los?

Claudia ist in einer Großfamilie großgeworden. Sie hat noch drei Schwestern. Sie musste als älteste viel mithelfen und Verantwortung übernehmen. Wenn Sie das getan hat, hat sie quasi als Dankeschön Aufmerksamkeit ihres Vaters bekommen. Sie erinnert die Momente, die sie alleine mit ihrem Vater war und in denen er sie auf seinen Knien sitzen ließ, als die schönsten ihrer Kindheit. Sie war insgesamt sehr brav und es ist heute noch eine Selbstverständlichkeit für sie, darauf zu achten, dass es anderen gut geht.

Jetzt ist sie mit Stefan zusammen, sieht sich in den kindfreien Zeiten der Realisierung ihres Kindheitstraums näher als je zuvor. Sie wird von einem Ritter auf einem weißen Pferd hochgehoben und wird seine Prinzessin. Sein Ein und Alles! Und was sieht sie an den Kinderwochenenden: ein kleines Mädchen, das frech, rotzig und dreist ist, sich überhaupt nicht um andere kümmert und trotzdem und immer von ihrem Vater Aufmerksamkeit bekommt und sein Ein und Alles ist. Das ist Karla. In ihren Augen verstößt sie gegen alle Regeln und Prinzipien; aber nicht sie, Claudia, die alle vorbildlich versorgt, ist Prinzessin, sondern Karla! Das kann sie nicht ertragen! Sie geht als kleine Claudia mit Karla in Konkurrenz und nutzt nun ihr Erwachsenenpotenzial, um sie vom Sockel zu stoßen. Der Weg ist frei für die »fiese« Stiefmutter …

Was bestimmt die Beziehung zwischen Stiefkindern und Stiefmutter?

Das Vakuum, das entsteht, wenn man den negativen Begriff »Stiefmutter« nicht annehmen will, ist groß: Wie soll es *denn* sein? Wie geht denn eine »gute« Stiefmutter? Wie ist es denn richtig? Wenn ich nicht mütterlich sein darf oder will, was bleibt dann? Wie vermeide ich es, mit dem Kind zu konkurrieren? Wie gehe ich erwachsen mit mir, meinen Bedürfnissen und Gefühlen, mit dem Kind und der gesamten Situation um?

Beziehungsschablonen, die nicht weiterhelfen

Die Schwierigkeit wird also bereits an der Begrifflichkeit deutlich. Unsere Gesellschaft bietet uns derzeit auch kein Leit- oder Vorbild, das als Orientierung funktionieren würde, wie es das zum Beispiel für die großmütige Großmutter gibt, die selber Spaß mit den Enkelkindern haben sollte.

Für eine Frau, die sich auf eine Liebesbeziehung mit einem Mann einlässt, der bereits Kinder hat, genügen Kategorien wie Geliebte oder Ehefrau nicht mehr, sobald die Kinder in irgendeiner Form Einfluss auf die Liebesbeziehung haben.

Marlene ist im 7. Himmel. Seit drei Monaten ist sie mit Klaus zusammen. Sie haben sich auf einer Fortbildung kennengelernt. Jedes zweite Wochenende reist sie nun von Hamburg nach München, oder er von München nach Hamburg, und sie verbringen eine traumhafte Zeit. Es ist so, als ob ihr Wunsch, den Mann fürs Leben zu finden, in Erfüllung gegangen ist. Klaus ist aufmerksam, täglich telefonieren sie und er schreibt wunderbare SMS. Er ist fürsorglich, verantwortungsvoll und kümmert sich – den Erzählungen nach – rührend um seine Kinder. Sie genießt das Verbundensein mit ihm und hat gleichzeitig das Gefühl, sie hat genug Zeit, sich um ihren Job und ihr soziales Netz zu kümmern. Nun hat ihre beste Freundin Geburtstag und macht eine Riesenparty, es wäre eine super Gelegenheit, ihn allen ihren Freundinnen vorzustellen. Doch Klaus hat Kinderwochenende und ist nicht bereit, eine Ausnahme zu machen. Sie ist verwirrt.

Wäre sie nur die Geliebte, würde er doch alles stehen und liegen lassen, um mit ihr auf die Party zu kommen. So war es zumindest in der Verliebtheitsphase bei ihren vorherigen Beziehungen. Dadurch, dass er Vater ist, ist sie auch automatisch Stiefmutter und spürt, wie er neben der Verliebtheit zu ihr noch eine andere innige Verbundenheit mit seinen Kindern lebt. Das tut weh.

Ebenso reichen die bekannten Beziehungsschablonen wie Mutter, Lehrerin oder große Schwester in Bezug auf Kinder nicht mehr aus, da die Beziehung nicht freiwillig und nicht unabhängig von der Liebesbeziehung zum Mann eingegangen wird.

Katja ist Grundschullehrerin und liebt ihren Job. Sie wollte schon immer mit Kindern arbeiten, sie liebt Kinder über alles und will auch möglichst bald selbst welche. Von daher hat sie sich eher gefreut, als Martin ihr von seinen Kindern erzählte, und sah überhaupt kein Problem. Sie waren sechs und neun, also genau die Altersklasse, mit der sie sich super auskennt. Sie kommt gut mit ihren Schulkindern klar und bekommt viel Anerkennung von den Kindern und deren Eltern. Die Trennung der Exfrau von Martin war schwierig, daher hatte sie totales Verständnis, dass die Kinder zunächst nicht nett zu ihr waren. Dann noch der Umzug, dann der neue Freund der Mutter, dann Schwierigkeiten in der Schule, dann die schwere Bronchitis, dann der dolle Regentag ... Es gab immer neue Gründe, weshalb sie verstehen konnte, dass die Kinder nichts mit ihr zu tun haben wollten. Aber jetzt, nach eineinhalb Jahren, kann sie ihr Gekränktsein nicht mehr in Schach halten und ist mit ihrem Latein am Ende.

Auch hier gibt es trotz größtem Verständnis Grenzen. Als Mutter oder Lehrerin hat man Anhaltspunkte, wie man mit dem Kind umgehen könnte. Hier spürt Katja nur, dass andere Kräfte mit im Spiel sind, die sie stark verunsichern.

Jede Frau und jede Familie ist anders und individuell zu betrachten. Pauschalantworten auf typische Fragestellungen machen daher keinen Sinn. Die Tatsache, dass es aber typische Fragen gibt, deutet daraufhin, dass es in allen

Familien oder bei jeder Frau Situationen gibt, die in die Sackgasse führen, sie in die Enge zwingen und unzufrieden werden lassen. Diese Ereignisse sind in meiner Praxis jeweils Ausgangspunkt der Beratung.

Ausgehend von den Beschreibungen schwieriger Situationen wird aus der Perspektive der Stiefmutter beleuchtet, was »zwischen den Zeilen« passiert, was in den beteiligten Menschen vorgeht und welche Faktoren und Geschichten eine Rolle spielen.

Entscheidend ist also nicht die Frage »Wie sollte es denn sein?« und »Wie ist es denn richtig?«, sondern in erster Linie »Was ist?«. Oftmals wird im Beratungsprozess deutlich, dass man gar nicht genau wahrgenommen hat, wie es ist. Die ganze Zeit redet oder denkt man darüber nach, wie andere es hinkriegen, was man so gerne hätte, wie es sich gehört oder wie die Situation von außen gesehen wird. Und genau das verhindert das Hingucken: Wie ist es denn? Wie sieht unsere Realität aus? Mit welchen Bedingungen müssen wir umgehen?

In diesem Prozess werden also alle Eigenheiten und Bedürfnisse der Familienmitglieder beleuchtet und es wird versucht, sie einzubeziehen. Es geht nicht darum, jemanden zu ändern oder zu verbiegen, sondern zu verstehen. Und wer versteht, der kann handeln!

Die schwierige Beziehung spiegelt sich auch im Namensgebungsprozess wieder. Wie nenne ich mich als neue Bezugsperson für die Kinder? Wie nenne ich die Kinder?

Der Beziehung einen Namen geben

Oftmals ist es eine Lösung, Dinge oder Angelegenheiten zu benennen. In dem Moment, in dem man von einer Liebesbeziehung spricht, lösen sich Ängste auf, dass es nur eine Affäre sei. Oder in dem Moment, in dem die Traurigkeit bei einem Kind erkannt und genannt wird, darf sie sein und das Kind muss sich nicht mehr anstrengen, gefasst mit einem Geschehen umzugehen.

Wenn spürbar ist, dass die ungeklärte Beziehung zwischen der Stiefmutter und dem Kind einen von beiden oder beide beschäftigt, tut es gut, darüber zu sprechen. Dabei sind nicht die Antworten wichtig, sondern die Fragen, die einem durch den Kopf gehen. Es ist auch nicht wichtig, eine allgemeingültige Lösung zu finden, sondern entscheidend und produktiv ist der Prozess. Ohne Druck und Ergebniszwang kann man in sich hineinspüren und versuchen, den anderen an dem, was man fühlt, teilhaben zu lassen.

Eva, 34, wird von Marla, 6, »Eva« genannt. Das ist okay für beide. Letztens aber war Marlas Freundin zu Besuch und Marla erklärte: »Das ist Papas Freundin, nicht meine Mama, aber die ist trotzdem nett.« Eva guckte etwas verdutzt. Nach dem Besuch kam Marla und erklärte, dass ihre Mutter ihr ein Märchen vorgelesen habe und da sei die neue Frau vom Papa die Stiefmutter und die war ganz böse.

Eva war immer noch erstaunt, dass Marla es anscheinend weiterhin beschäftigt. Sie selbst fühlt sich mit »Papas

Freundin« auch nicht sonderlich gut. Und jetzt? Beim Abendessen fing es an, Marla erzählte ihrem Vater von der Situation und der meinte: »Ja, dann sucht euch doch einen Namen füreinander aus!« Seitdem gibt es ständig neue Vorschläge, zwischendurch beim Spielen, während des Spazierengehens, beim Essen, immer wieder fällt der einen oder der anderen ein Name ein.

Dann kommt entweder direkt ein »Nein, zu lang, zu doof, zu albern, zu umständlich …!« oder man behält ihn eine Weile. Im Moment heißt Eva für Marla »Blumenmama« und Marla ist für Eva das »Herzensmädchen«. Aber das sind bestimmt nicht die letzten Namen …

Hier wird in spielerischer Form versucht, die Beziehung zu begreifen und ihr Ausdruck zu verleihen. Je nach Lust und Laune und auch Gelegenheit könnte man hier sogar noch weitergehen. »Wieso Blumenmama?« – »Weil sie gut duften und du riechst so gut!«

Die Aufmerksamkeit und die Wahrnehmung beider wird durch das Spiel der Namenssuche auf ihre Beziehung gelenkt. Es kann ausprobiert werden, gleichzeitig erfährt man viel über die Bedeutung, die man für den anderen hat. Das gemeinsame Suchen kann zur Gemeinsamkeit führen und Verbindung schaffen.

Es kann aber auch sein, dass Begriffe gebraucht werden, um sich abzugrenzen. Wenn das Kind oder die neue Stiefmutter spürt, dass sie eine bestimmte Rolle oder Position einnehmen soll, das aber nicht mit ihrem Gefühl übereinstimmt, können Begriffe wie »Papas Freundin« und »Kind von meinem Partner« Entlastung und Gelassenheit bringen. Die Abgrenzung, das eigenständige Sein, wird hier zur Basis einer klaren Beziehung, die sich dann erst entwickeln kann.

Judith, 32, ist seit drei Jahren mit Philipp, 42, zusammen, der eine 10 und eine 13 Jahre alte Tochter hat. Judith ist eine eher natürliche Frau, die nicht viel Wert auf Kosmetik und Mode legt. Die Mädchen dagegen sind sehr darauf bedacht, perfekt geschminkt und gekleidet zu sein. Letztes Jahr waren sie zu viert im Urlaub und Judith hatte ziemliche Probleme mit dem Gedanken, dass jetzt alle denken könnten, sie sei die Mutter von diesen »aufgetakelten« Mädchen. Die Mädchen verkörperten ein Frauenbild, von dem sie sich ansonsten immer distanzieren würde, gleichzeitig verstand sie sich gut mit ihnen und wollte sie nicht kritisieren oder ihnen gar etwas vorschreiben. Sie merkte, dass es ihr absolute Erleichterung verschaffte, wenn sie bei Urlaubsbekanntschaften direkt ihre Familienverhältnisse offenlegte und erzählte, dass das die Kinder ihres Partners aus erster Ehe seien und sie nicht die Mutter. Die Mädchen betonten ebenfalls bei jeder Gelegenheit, dass sie mit ihrem Vater und seiner neuen Frau hier wären.

Die demonstrative Distanz gibt allen dreien die Freiheit, so zu sein, wie sie sind, und sich nicht miteinander definieren zu müssen. Dabei kann es in manchen Phasen der Beziehung wichtig sein, das auch anderen mitzuteilen. Hat man miteinander ein stabiles Selbstverständnis, dass man so sein darf, wie man ist, wird es immer unwichtiger, den Status der Beziehung zu äußern und mitzuteilen.

Oftmals ist die Namensgebung ein wichtiger Bestandteil der Beziehungsdefinition. Das kann besonders bei hochstrittigen Trennungsfamilien oder bei Familien mit psychisch kranken Elternteilen von großer Bedeutung sein.

Stefanie, 7, lebte die ersten fünf Jahre bei ihrer Mutter. Ihre Mutter ist psychisch krank und oft war sie mit ihr im Krankenhaus. Jetzt lebt sie seit eineinhalb Jahren in der Familie ihres Vaters. Ihre Halbschwester Kristin, gerade zwei geworden, sagt natürlich »Mama« zu ihrer Mutter Maja. Stefanie fühlt sich wohl in der Familie ihres Vaters, vermisst aber auch ihre Mutter. In letzter Zeit sagt sie immer häufiger auch »Mama« zu Maja. Maja kann es kaum ertragen. Sie kann sich vorstellen, wie schwierig die Situation für Stefanie ist, will sie nicht abweisen, aber sie zuckt innerlich immer zusammen, wenn Stefanie »Mama« ruft. Stefanie hat Probleme in der Schule, ihr Vater ist berufsbedingt viel unterwegs und Maja ist im Alltag verantwortlich, auch für Stefanie. Sie ist oft genervt von Stefanie, sehr ungeduldig und findet sich selbst gemein, und trotzdem kann sie nicht anders. Dann hat sie schnell ein schlechtes Gewissen, reißt sich zusammen, ist nett zu Stefanie … bis zum nächsten Aussetzer. Sie hat das Gefühl, dass Stefanie ihr viel Zeit nimmt, die sie sonst für sich allein mit ihrer Tochter hätte. Jetzt hat

sie ihr verboten, »Mama« zu sagen, spürt aber auch, dass
das keine Lösung ist.

Eine schwierige Situation, in der beide Eltern professionelle
Hilfe brauchten. Die Gefahr ist groß, Majas Wut und
Unmut als Charaktereigenschaften von Maja zu sehen, und
damit wäre Maja eine idealtypische »böse« Stiefmutter. In
der Auseinandersetzung mit den einzelnen Situationen und
der Beziehung von Maja und Stefanie wird deutlich, dass
Stefanie mit »Mama« eine Liebessehnsucht verbindet, die
Maja nicht erfüllen kann und will. Würde sie diese halb-
herzig oder aus Mitleid erfüllen, wäre die Basis für eine
authentische Beziehung zwischen den beiden nicht gegeben, die gerade für Stefanie vor dem Hintergrund ihrer
bereits traumatischen Geschichte besonders wichtig wäre.

Auch hatte Maja gegenüber ihrer eigenen kleinen Tochter Kristin Schwierigkeiten, sich von Stefanie »Mama« nen-
nen zu lassen. Sie sollte nicht den Eindruck bekommen,
dass sie Stefanie genauso lieben würde wie sie. Es war etwas
völlig anderes. Nur Kristin war ihre Tochter und nur sie
liebte sie.

Eine Beziehung zwischen Stiefmutter und -kind kann ganz
unterschiedliche Facetten haben und ist ständig in Entwicklung und Bewegung. Wie jede andere Beziehung auch. Daher werden auch die unterschiedlichen Namen nur eine Zeit
lang passen. Kinder und Stiefmutter wachsen aus den Namen heraus, die Beziehung jedoch bleibt und entwickelt
sich.

Kapitel 2
Typische Konflikte und hilfreiche Rituale

Wieso sind Spielregeln und Rituale für Patchworkfamilien so wichtig? Vielen Ratsuchenden ist gar nicht bewusst, dass sie zahlreiche Rituale pflegen, de facto sind sie aber in jeder Beratung Thema. Die Stiefmutter beharrt auf Regeln, damit sie nicht im Familienwirrwarr untergeht, die Stiefkinder fordern die Kontinuität des Gewohnten ein und die Väter wollen eine funktionierende Ordnung, die Konflikte vermeidet. So fordert unbewusst jeder seine eigenen Rituale ein, weil sich jeder in einer unsicheren und neuen Situation befindet.

Fragen von Stiefmüttern sind zum Beispiel:

»Als die beiden alleine gelebt haben, haben sie erst mal eingekauft und sich dann einen schönen Abend zu zweit gemacht. Jetzt wollen sie das weiterhin tun, aber ich bin doch da. Sie ignorieren mich völlig. Muss ich das hinnehmen?«

»Wenn die Kinder kommen, knallen erst mal die Türen. Jeden Freitag. Ist das vielleicht ein Ritual, das Sicherheit gibt?«

»Ich möchte Rituale einführen, da ich gelesen habe, dass das gut ist. Mein Partner findet das aber künstlich aufgesetzt und affig. Es passt nicht zu ihm und auch nicht zu seinem Sohn, sagt er. Was soll ich denn tun?«

»Ich habe nichts gegen das Einschlafritual, das mein Mann mit seiner 9-jährigen Tochter pflegt. Nur, ich mache mir Sorgen, ob das für die psychische Gesundheit der Tochter gut ist, wenn er drei Stunden und länger mit ihr zusammen im Bett liegt und sie ohne ihn nicht einschlafen kann. Abgesehen davon bin ich dann auch eingeschlafen … Wie kriegen wir eine befriedigende Lösung hin?«

»Wenn ich nach Hause komme, kann ich nicht direkt umschalten. Seine Kinder, Tim und Luise, bedrängen mich dann aber direkt und wollen spielen. Ich traue mich nicht, sie abzuweisen, aber merke, dass ich unterschwellig sauer auf meinen Mann bin. Was kann ich tun?«

Regeln und Rituale geben Halt und erleichtern den Alltag

Regeln und Rituale bieten Halt und Sicherheit. Nicht nur in Patchworkfamilien, sondern überall. Verkehrsregeln, Begrüßungsrituale, Festtagszeremonien erleichtern unseren Alltag. Kulturelle Rituale wie zur Beerdigung oder zu Karneval bieten eine Fassung für einen vielleicht schwierigen Umgang mit Trauer oder Ausgelassenheit. Man kann sich in diesen Rahmen fallen lassen und wird durch das Ritual gehalten und geführt.

Regeln und Rituale erleichtern das Zusammenleben und garantieren einen funktionierenden Ablauf. Kinder können nach einem Zu-Bett-geh-Ritual zur Ruhe kommen und beruhigt einschlafen, der Start in den Tag läuft entspannter ab, wenn wir uns an eine Reihenfolge gewöhnt haben, die quasi morgens automatisch ausgeführt wird. Hausaufgaben werden leichter erledigt, wenn sie im gewohnten Schema ablaufen, und ein Papa-Wochenende wird umso selbstverständlicher, je mehr sich alle an einen immer wiederkehrenden Ablauf gewöhnt haben.

Viele Ritualisierungen und Regeln werden oft schon in frühester Kindheit erlernt, man wächst damit auf, daher sind sie nicht mehr bewusst, sondern werden zu Selbst-Verständlichkeiten, das heißt, sie sind ohne Worte verständlich, sie verstehen sich von selbst. In klassischen Familien werden die Selbstverständlichkeiten nonverbal an die Kinder weitergegeben, sie wachsen organisch in eine

Familienkultur hinein und übernehmen sie unbewusst. Solange Kinder mit ihren Eltern zusammenleben, funktioniert der Ablauf daher auch reibungslos. Es sind Familienprinzipien und -leitlinien, die einen als Kind prägen und das ganze Leben lang begleiten. Auf eine bewusstere Ebene kommen sie erst, wenn man bei Freunden, Verwandten oder Bekannten Unterschiede zu den eigenen Verhaltensweisen und Auffassungen wahrnimmt. Oftmals passiert das allerdings erst, wenn unterschiedliche Umgangsweisen aufeinanderstoßen.

Maja und Ute fahren mit ihren 3 Jahre alten Töchtern für eine Woche ans Meer. Sie kennen sich aus dem Babyschwimmkurs und da beide Väter über Christi Himmelfahrt geschäftlich unterwegs sind, haben sie sich kurzerhand entschlossen, ein Haus in Holland zu mieten und für einige Tage zusammen zu verreisen. Maja ist gewohnt, ihre Tochter überallhin mitzunehmen und dabei nur das Nötigste dabeizuhaben. Sie improvisiert ständig. Ute dagegen hat drei große Taschen dabei und hat Kleidung für jeden Tag und sämtliche Mahlzeiten für ihre Tochter schon vorbereitet. Majas Tochter schläft, wenn sie müde ist, notfalls einfach auf Majas Armen. Ute dagegen ist bemüht, einen Schlafrhythmus fürs Kind einzuhalten, wie es in einem Ratgeber empfohlen wurde. Maja hat sich auf ein paar entspannte gemeinsame Tage gefreut, an denen sie viel quatschen, spazieren gehen, Kaffee trinken und ausruhen können. Ute jedoch hat alle Hände voll zu tun, ihr Kind in dieser ungewohnten

Umgebung zu versorgen, und muss, wenn ihre Tochter schläft, auch schlafen. Nach drei Tagen sind beide Mütter völlig genervt voneinander und fahren stillschweigend nach Hause. Bevor die Freundschaft sich richtig entwickeln konnte, ist sie vorbei.

Sowohl Maja als auch Ute wären vorher überhaupt nicht auf die Idee gekommen, über ihre Art und Weise, mit ihrer Tochter umzugehen, zu sprechen. Es war für jede selbstverständlich, dass es so richtig ist, wie sie es macht.

Hier war die Zeit des Zusammenseins so kurz, dass ein Austausch nicht zwingend war. Sie sind ja weiter keinerlei Verpflichtung eingegangen.

Kommt eine Stiefmutter, ob mit oder ohne eigene Kinder, zu einer Teilfamilie hinzu, prallen immer unterschiedliche Selbstverständlichkeiten aufeinander. Da diese automatisch ablaufen, werden sie nicht im Vorfeld kommuniziert und werden oftmals nicht als Teil einer anderen Familienkultur angesehen. Stattdessen werden sie als Reaktion auf das eigene Familiensystem eingeordnet und als Signale der Abwertung, Geringschätzung und Ablehnung aufgefasst. Man fühlt sich angegriffen und abgelehnt und der Konflikt beginnt.

Peter hat zwei Kinder, Jonas und Marie, 14 und 9 Jahre alt. Jonas und Marie leben seit der Trennung vor drei Jahren bei ihrer Mutter und sind jedes zweite Wochenende bei ihrem Vater. Peter lebt seit einem Jahr mit Sabine und ihrem Sohn Lars, 16, zusammen. Sabine und

Lars waren lange Zeit alleine und mussten sich sehr aufeinander abstimmen, damit der Alltag gelingen konnte. Lars hat viel im Haushalt mitgeholfen und früh Verantwortung für sich und seine Anliegen übernommen. Jonas und Marie leben noch in der Welt, aus der der Vater ausgezogen ist. Ihre Mutter, ihre Oma, die mit im Haus wohnt, aber auch die Haushälterin und der Gärtner gehören fast mit zur Familie. Alle achten auf die Kinder und nehmen ihnen viele Dinge ab. Wenn Jonas und Marie nun bei ihrem Vater und Sabine sind, lassen sie überall ihre Sachen liegen, erwarten selbstverständlich, dass das Essen auf dem Tisch steht und dass die Dinge für sie erledigt werden. Sabine empfindet es jedes Mal als Affront gegen sich, wenn sie die Schuhe im Flur einsammeln und die Chipstüten und Mengen von Krümeln vom Sofa entfernen muss. Sie findet es eine Unverschämtheit von Jonas, dass er Peter am Wochenende früh aufstehen lässt, um ihn zum Fussball zu kutschieren, obwohl er wunderbar mit dem Fahrrad fahren könnte. Es gibt jedes Mal Streit und viel Missstimmung, selbst wenn die Kinder schon längst wieder weg sind.

Der Wunsch jeder zusammengewürfelten Familie ist es, sich den gemeinsamen Alltag mit den Kindern zu erleichtern, Selbstverständlichkeiten zu entwickeln. Doch wie kommt man denn dahin, dass diese sich neu bilden, wenn jeder schon seine Gewohnheiten hat? Wie schützt sich insbesondere die Stiefmutter davor, als »Buhfrau« zu gelten, nur weil sie, als Fremde und neu Dazugekommene, dieje-

nige ist, die die organisch gewachsenen Familienselbstverständlichkeiten der Vater-Kinder-Einheit sichtbar werden
lässt? Wie kommt man zu neuen Halt gebenden Ritualen,
die für die ganze Familie stimmen?

Die vier Entwicklungsphasen in der Patchworkfamilie

In diesem Prozess zur neuen Familienselbstverständlich-
keit können vier Entwicklungsphasen der Patchworkfamilie beschrieben werden:

1. Phase: Schnuppern und Kennenlernen
2. Phase: Positionsgerangel und Machtkämpfe
3. Phase: Fügung
4. Phase: Etablierung

Diese Phasen sind nicht strikt voneinander getrennt, sondern gehen ineinander über, springen manchmal hin und
her und entwickeln sich nicht unbedingt gleichmäßig. Es
kann aber in keiner Familie eine Phase ausgelassen oder
übersprungen werden. Die Ausprägung und Intensität der
einzelnen Phasen ist allerdings in jeder Familie anders.

1. Phase: Schnuppern und Kennenlernen – Zwischen Liebestaumel und alten Gewohnheiten

Diese Phase ist für das neue Paar gekennzeichnet durch Vorfreude und Liebestaumel. Meist ist das Liebespaar noch in der Verliebtheitsphase, hat die rosarote Brille auf, ist hoch motiviert und engagiert. Die Liebesenergie soll nun auch auf die Kinder übergreifen. Die Verliebten haben sich daher mehr oder weniger bewusst entschlossen, einen Schritt weiterzugehen und die Kinder mit in ihre Liebe einzubeziehen. Der Liebestaumel kennt keine Selbstverständlichkeiten, man hat Schmetterlinge im Bauch und sieht die Welt neu. Mögliche Macken, Unvollkommenheiten und Schwächen des Partners oder der Partnerin werden im Rausch übersehen oder als liebenswerte Eigenheit des anderen geliebt. Die Liebespartner sind offen für den jeweils anderen, begierig darauf, seine Welt und seine Lebensweise zu erfahren und seine Kinder, oftmals die wichtigsten Menschen für den Partner, kennenzulernen. Mit besten Vorsätzen und offenen Herzen sehen sie der Begegnung mit den Kindern entgegen.

Entstehen bei klassischen Paaren an einem solchen Punkt Kinder der Liebe, die dann organisch mit dem Paar ein Selbstverständnis als Familie entwickeln, existieren in der Patchworkfamilie schon Kinder mit eigenen Selbstverständlichkeiten und Familiengewohnheiten.

Die Kinder haben meist nach der Trennung ihrer Eltern wieder Halt gefunden im Zusammensein mit Mutter oder Vater. Oftmals mussten sich Vater und Kind oder Mutter und Kind neu sortieren, die Trennung und den Verlust des gemeinsamen Familienlebens verarbeiten und neue Rituale aufbauen. Die Erzählungen von dieser traurigen, oftmals improvisierten Übergangszeit machen deutlich, wie unsicher und verloren sich sowohl Elternteil als auch Kind gefühlt haben und wie sehr beide aber auch diese intensive Zeit miteinander genossen haben. Sie hatten sich, haben sich gegenseitig gestützt und sich ihrer Liebe versichert. Daher sind die Rituale aus dieser Zeit oft sehr bedeutend für den Zusammenhalt der Restfamilie und garantieren die Fortsetzung einer innigen Vater-Kind oder Mutter-Kind-Beziehung. Oftmals gibt es auch kleine Zeichen, Spielchen oder Reime, die den Stellenwert eines Sicherheitsankers für Vater-Kind oder Mutter-Kind haben und die Zusammengehörigkeit immer wieder schnell herstellen lässt. So zum Beispiel: »Mag kommen, was will, es gehören zusammen – Papa und Till!«

Treffen nun das neue Liebespaar mit seiner Liebespaarlogik auf die Restfamilie mit ihren Selbstverständlichkeiten, kann es und muss es sogar sein, dass sich die beiden Logiken bremsen und einschränken. Die Liebeslogik kann sich nicht ungebremst entfalten, da die Kinder nicht die Kinder der Liebe sind. Und die innige Restfamilienlogik kann nicht fortgeführt werden, weil jemand Neues hinzutritt. Hier lauern die ersten Komplikationen:

Dominanz der Liebespaarlogik

Irene und Jörg sind sehr verliebt. Sie waren gerade zwei Wochen gemeinsam im Urlaub und sind sich sicher, dass sie zusammenleben wollen. Sie kennen sich nun seit drei Monaten und planen, wenn das mit den Kindern alles gut geht, zusammenzuziehen. Paul, 7, und Anna, 4, sind Jörgs Kinder und jedes zweite Wochenende sowie mittwochs bei ihm. Jetzt soll Irene die beiden kennenlernen. Irene ist sehr aufgeregt und will alles richtig machen. Sie hat Schokokuchen gebacken und ihre Wohnung kindgerecht aufgeräumt. Sie haben sich gedacht, dass sie sich in Irenes Wohnung treffen und Kuchen essen, weil ihre Wohnung viel größer ist. Anschließend wollen sie auf den Spielplatz und dann gemeinsam Pizzaessen gehen. Jörg freut sich sehr über Irenes Engagement und kann sie sich sehr gut auch als Mutter von gemeinsamen Kindern vorstellen. Als Paul und Anna da sind, sitzen sie schüchtern auf dem Sofa und hören zu, was Papa und Irene erzählen. Alles ist ungewohnt und befremdlich. Ihr Vater redet zwar mit ihnen, guckt aber ständig Irene an und lächelt ihr zu. Irene fragt viel und stellt verschiedene Spiele auf den Tisch. Als sie auf dem Spielplatz sind, laufen die Kinder direkt hoch auf die Kletterburg. Das verliebte Paar setzt sich also auf die Bank und turtelt miteinander, dabei schauen sie immer wieder zu den Kindern und rufen ihnen nette Dinge zu. Dann will Paul nach Hause, er hat keinen Hunger auf Pizza. Auch Anna fängt an zu quengeln und will zu Mama. Irene ist sehr irritiert. Jörg versucht, die beiden zu überreden, aber die Kinder sind bockig. Sie entscheiden sich, es für dieses Mal gut sein zu lassen und die Kinder wieder nach Hause zu bringen. Irene ist enttäuscht und hat das Gefühl, die Kinder mögen sie nicht. Dabei fand sie besonders Anna echt süß.

Der Nachmittag war mit bestem Wissen und Gewissen geplant und liebevoll vorbereitet, was also ist schiefgelaufen? Irene wollte die Kinder kennenlernen, hat viel gefragt und angeboten. Voller Liebe für Jörg wollte sie auch dessen Kinder begrüßen und sie in ihr Herz nehmen. Außer Acht gelassen wurde dabei allerdings die alte Familieneinheit von Jörg, Anna und Paul mit ihren Gewohnheiten und Selbstverständlichkeiten. In den vergangenen Monaten hatte Jörg die Kinder abgeholt und war immer als Erstes mit ihnen in seine kleine Zwei-Zimmer-Wohnung gefahren, wo sie alle drei in dem großen Bett eine Kissenschlacht gemacht haben. So kamen sie sich wieder näher und haben dann gemeinsam überlegt, was sie noch machen an dem Nachmittag oder an dem Wochenende. Dabei kamen viele Vorschläge von Aktivitäten, die sie immer schon mit Papa gemacht haben.

Dominanz der alten Familienlogik

Herbert lebt mit seiner Exfrau das Wechselmodell. Von Donnerstag bis Samstag oder Sonntag leben Helene, 13, und Hannah, 10, bei ihrem Vater. Herbert hat nun vor einem halben Jahr Petra kennen- und lieben gelernt. Bisher haben sie sich immer nur montags bis mittwochs getroffen, weil Herbert den Kindern erst eine Stiefmutter zumuten wollte, wenn er sich ganz sicher ist. Jetzt wollen sie es wagen. Petra kommt also Donnerstagnachmittag zu Herbert, der den Kindern erzählt hat, dass er ihnen seine neue Freundin vorstellen möchte. Sie ist aufgeregt, aber auch sehr neugierig, sie weiß ja schließlich schon ganz schön viel über die Mädchen. Helene und Hannah sind auf ihren Zimmern, kommen aber und begrüßen Petra. Dann sind sie wieder verschwunden. Der Vater schlägt vor, etwas gemeinsam zu spielen. Die Mädchen stimmen zu und holen das Spiel, Carcassone, das sie immer zu dritt gespielt haben, in der Anfangszeit nach der Trennung oft ganze Tage lang. Petra kennt das Spiel nicht, versucht aber, sich besonders schlau anzustellen. Sie versteht es aber nicht wirklich, hat das Gefühl, die Kinder nutzen ihr Unwissen aus, und sie versteht auch nicht die Insider-Infos, die die drei sich die ganze Zeit zuwerfen. Sie liegt hinten, wird immer stummer und hat das Gefühl, dass es eigentlich egal ist, ob sie noch mitmacht oder nicht. Nach dem Spiel geht alles auf einmal ganz schnell: Eine deckt den Tisch, die andere holt Brot und Aufschnitt aus dem Kühlschrank und Herbert schlägt Eier in die Pfanne. Erst als Petra mit am Tisch sitzt, erzählt Herbert, dass Helenes Lieblingsserie gleich im TV kommt und es donnerstags alles ganz schnell gehen muss. Sie könnte aber gerne bleiben und mitgucken. Petra will aber nicht und fragt, ob sie nicht noch am Tisch sitzen bleiben könnten. Aber es ist ein Ritual, dass Herbert diese Serie mit den Mädchen guckt. Frustriert steht Petra auf und geht nach Hause.

In beiden Beispielen ist für die jeweils andere Logik kein Platz. Der Vater ist in beiden Logiken zu Hause. Und hat nun, wenn die beiden Logiken aufeinandertreffen, eine Scharnierfunktion. Es hängt von seiner Haltung ab, welche Logik wie zum Zuge kommt.

Plagen ihn noch Gewissensbisse und Schuldgefühle im Zusammenhang mit der Trennung und dem Auszug aus dem gemeinsamen Zuhause mit seinen Kindern, ist es oft schwer, Raum zu schaffen für die Liebeslogik. Die Stiefmutter findet sich nicht wieder, kommt sich vor »wie im falschen Film«, aus der Prinzessin und Geliebten wird eine Zuschauerin, eine Dienerin oder gar ein Möbelstück, das dahin geschoben wird, wo es gerade nicht stört. Wie kann das sein? Ohne Kinder ist doch die Liebeslogik voll und ganz da? Gerade in Familien, in denen die Kinder kommen und gehen, werden die kinderfreien Zeiten dann genutzt, um die Stiefmutter wieder aufzubauen. Der Vater nimmt wieder ganz die Rolle des Geliebten ein und versichert ihr seine Liebe. Das Liebespaar lebt wieder auf. Bis zum nächsten Kindernachmittag. »Die Kinder sind schuld. Sie vereinnahmen ihren Vater so sehr, dass er sich nicht traut, mich auch nur zu berühren. Wenn die Kinder nicht da sind, ist alles super!« Und schon befindet die Frau sich in der Position der »bösen« Stiefmutter.

Ist der Vater sehr in der Liebespaarlogik gefangen, erleben wiederum die Kinder die Zusammentreffen als falschen Film. Sie verstehen ihren Vater nicht und wissen nicht, was los ist. Oftmals wird dann die Distanz und Missstimmung zwischen Vater und Kindern der Stiefmutter zugeschrieben. »Sie ist schuld, dass Papa nicht mehr mit uns alleine sein kann! Sie soll wieder weg!« Und schon starten Kinder Maßnahmen und Strategien, um die Eindringende wieder hinauszuschmeißen.

Hier wird deutlich, wie schnell sich bereits nach den ersten Treffen ungünstige Ausgangspositionen ergeben können. Die Herausforderung dieser ersten Phase ist es deshalb, Raum zu schaffen, um wechselseitig die Logik der jeweils anderen kennenlernen zu können:

Wie sieht die Logik der Restfamilie aus?

Was sind Sicherheitsanker?

Wo sind Unsicherheiten?

Wo sind für mich als Neue mögliche Andockstellen?

Wo fühlt sich das Kind bedroht?

Wo bin ich Eindringling?

…

Etliche weitere Fragen werden in der neuen Konstellation aufkommen; jede sollte möglichst frühzeitig ausgesprochen und besprochen werden. Die Verantwortung liegt hier beim leiblichen Elternteil, aber natürlich bietet es sich an, als Baumeisterteam für den Neubau der Familie gemeinsam im Vorfeld die unterschiedlichen Logiken einzuschätzen und eine Struktur zu entwickeln, die besonders für die Kinder die Funktion eines Geländers hat, das sie hält, wenn sie Neuland betreten.

Wenn ein Haus umgebaut wird, braucht man ein Baugerüst. Wenn eine Familie umgestaltet wird, braucht man Strukturen und Rituale, die einem Halt geben.

Natürlich soll die Kennenlernphase auch in die andere Richtung gehen, die Kinder sollen die für sie neue Liebeslogik kennenlernen, und das möglichst nicht als Konkurrenzveranstaltung zu ihrer Logik. Kinder sind dann offen für Neues, wenn sie sich sicher fühlen. Haben sie durch ihren Vater einen klaren Platz an seiner Seite, der nicht durch die neue Frau in seinem Leben bedroht wird, erleben sie Angebote und Erlebnisse mit ihr als Bereicherung. Wird der Platz an der Seite des Vaters allerdings umkämpft, wird schnell aus der möglichen Bereicherung Bedrohung und die Kinder müssen sich und ihren Platz verteidigen. Dann nehmen sie die Kampfhaltung ein und können auf vielfältige Art und Weise angreifen und kämpfen.

2. Phase: Positionsgerangel und Machtkämpfe

Das Zusammenfinden einer Patchworkfamilie ist ein komplizierter Prozess. Damit verbunden ist ein hochexplosiver Gefühlscocktail, den viele am liebsten nicht zu sich nehmen möchten. In der Praxis höre ich oft den Wunsch, diese

Phase doch bitte überspringen zu dürfen. Doch das geht nicht! Und genau das ist die größte Herausforderung in dieser Phase: diesen Gefühlscocktail annehmen und akzeptieren, und am besten mit viel Liebe und Güte genau untersuchen, was da alles drin ist.

Generell wird, wenn Schwierigkeiten aufkommen, schnell ein Schuldiger gesucht. Er ist verantwortlich und man selbst kann heil bleiben. In einer Patchworkfamilie sind viele Personen beteiligt, daher ist hier die Gefahr besonders groß, dass man diese vermeintliche Abkürzung nimmt: »Die Ex manipuliert!«, »Das Kind ist verhaltensauffällig!«, »Du, mein lieber Mann, bist zu weich!«, »Du, meine Geliebte, bist zu hartherzig!« Doch die Schuldsuche führt nicht weiter. Der Prozess ist konflikthaft und schwierig. Die unterschiedlichen Logiken mit ihren entsprechenden Ansprüchen und Erwartungen knallen aufeinander und so sorgt mitunter jede Banalität für eine kleine oder große Explosion dieses Gefühlscocktails. Es geht hier also nicht um die Frage »Wie kann man Explosionen oder besser noch den gesamten Gefühlscocktail vermeiden?«, sondern eher darum, wie man damit umgeht? Wie kann ich das Aufeinanderknallen so gestalten, dass ein Alltag miteinander dennoch möglich ist und wir davon profitieren?

Claudia und Peter leben seit drei Jahren zusammen und Fiona und Klaas, 10 und 8, kommen jedes zweite Wochenende und jeden Mittwoch zu ihrem Vater. Jetzt sind sie allerdings drei Wochen bei ihrem Vater, da ihre Mutter ins Krankenhaus muss.

Fürs Wochenende gab es klare Rituale. Claudia war freitagabends immer verabredet, sodass die beiden ihren Vater für sich hatten, samstags wurde zusammen gefrühstückt, dann fuhren Claudia und die Kinder zusammen einkaufen und in die Stadt, nachmittags und den Rest des samstags war Familienzeit, alle zusammen unternahmen etwas. Sonntags war Peter für seine Kinder verantwortlich und Claudia machte eher ihren Kram. Wenn sie da war, aßen sie zusammen, aber alle waren flexibel und die Liebespaarlogik machte bis Sonntagabend einfach Pause. Der war immer für Claudia und Peter reserviert. So hatten sie sich gut arrangiert.

Jetzt kam alles durcheinander. Claudia wollte und konnte nicht auf ihre Paarzeit verzichten, sie brauchte Peter zwischendurch. Außerdem hatte sie gerade eine extrem schwierige Situation im Job, über die sie mit Peter sprechen musste und bei der sie seine Unterstützung brauchte. Peter war extrem angespannt, machte sich Sorgen um seine Ex, spürte, dass seine Kinder nicht glücklich waren, und wollte natürlich auch seiner Geliebten helfen. Claudia verstand die Situation, ihr war klar, dass sie Peter unterstützen musste und wollte, und trotzdem war sie manchmal scheinbar ohne Grund sauer, traurig, missmutig oder bockig. Die Spannungen nahmen zu, es gab Krach, weil sie nicht den richtigen Schoko-Brotaufstrich gekauft hatte, und Claudia fand, die Kinder könnten ruhig mehr mit anpacken. Die Kinder zogen sich zunehmend in ihre Zimmer zurück und kamen erst heraus, wenn der Vater endlich wieder zu Hause war.

Abends beim Fernsehen auf dem Sofa konnte Claudia sich schließlich nicht mehr dazusetzen. Sie konnte diese Kuschelei nicht mehr ertragen. Es war klar, dass die Kinder links und rechts neben Peter saßen und für sie eigentlich kein Platz mehr war. Sie strengte sich an, dass alles lief, und bekam noch nicht mal abends einen Platz.

Claudia war traurig, sauer, bockig, wütend, enttäuscht von allen und merkte, wie ihr die Tränen kamen und sie gleichzeitig anfing zu schreien. Sie schimpfte und weinte und wusste nicht, wohin mit sich. Sie lief aus dem Haus.

Eine Situation, die für alle Beteiligten unangenehm ist und in der doch alle versuchen, sich richtig zu verhalten. Fürs Wochenende hatten Peter und Claudia eine Lösung gefunden. Natürlich war Claudia nicht glücklich, wenn sie auf Zweisamkeit am Kinderwochenende so gut wie verzichten musste, aber das galt ja auch für Peter und außerdem nutzte sie diese Zeit für sich, ihre Freunde und Freundinnen, und das machte sie auch glücklich. Jetzt klappte es nicht mehr. Eine neue Ordnung musste her. Die Situation war verändert, also musste auch die Ordnung verändert werden.

Neue Situationen brauchen neue Rituale. Aber wie schafft man das? Welche Rituale sind die richtigen?

Hier gibt es leider keine pauschalen Empfehlungen oder Erfolgsgarantien. Jede Familie ist anders, tickt anders und hat sehr individuelle Mitglieder mit entsprechenden Bedürfnissen. Daher sieht wahrscheinlich jedes Ritual anders aus. Und trotzdem haben alle den gleichen Sinn: in der neuen, unbekannten Situation, im Chaos oder im Hin und Her Halt geben, Sicherheit schaffen, Raum geben für sich und den anderen.

Riesen-Patchworkpuzzle

Eine Möglichkeit ist es, sich mit den Kindern zusammenzusetzen und zu hören, was für den Einzelnen wichtig ist in dieser Zeit (im Sinne der Familienkonferenz, ausführlich dazu siehe Kapitel 3). Dann könnte man gemeinsam einen Plan gestalten.

Peter und Claudia setzten sich mit Fiona und Klaas zusammen und jeder schrieb auf leere Kärtchen, was ihm wichtig war: Claudia schrieb zum Beispiel »Zeit mit Peter«, Peter schrieb »Zeit zum Joggen«, Klaas schrieb »Fußballspielen mit Papa«, Fiona schrieb »Was ist mit Mama?«.

Einige Aktionen waren einmalige, andere waren tägliche. Einige waren an konkrete Personen gebunden (Zeit mit Peter), auf anderen standen nur Themen (Mama?). Also wurden entsprechend viele Kärtchen geschrieben, die quer auf dem Tisch verteilt lagen. Alle überlegten mit, wie man sie sortieren konnte. Nach Wochentagen, nach Personen, nach Dringlichkeit und Freizeit. Peter und Claudia waren genauso überrascht wie die Kinder, was alles auf den Zetteln stand, und es war nicht leicht, eine Ordnung herzustellen. Sie entschieden sich, die Kärtchen liegen zu lassen und erst am nächsten Tag weiterzumachen. Komischerweise war die Spannung spürbar weniger an diesem Nachmittag, obwohl sie nichts entschieden hatten.

Claudia hatte die Idee, auf ihrer Magnettafel in ihrem Büro einen Wochenplan zu malen und darin später die Stichpunkte von den Zetteln einzuordnen. Peter hatte zwar Bedenken, aber ging mit Claudia in ihr Büro, um einen Wochenplan zu überlegen. Fiona setzte sich wieder an den Tisch und fing an, aus den Zetteln ein Puzzle zu machen. Sie nahm die Kärtchen, die gut zueinander passten: Claudia/Peter-Zeit und I-Pad/Computer-Zeit Kinder. Dann gab es Fußballspielen Klaas/Papa und Mädchenkram Claudia/Fiona. Papa Joggen/Claudia Büro und Fiona hatte die Idee, dass sie dann mit Klaas das Abendessen vorbereiten konnte. Das Kärtchen »Kuscheln mit Papa« kombinierte sie mit Claudias Zettel »Mit Freundin treffen«. Das Thema »Mama« war schwierig, das Kärtchen legte sie zur Seite, auf der bereits eine Reihe anderer schwieriger Zettel lag, zum Beispiel auch »Gemütlicher Fernsehabend mit allen!«. Darüber mussten sie noch sprechen.

Am nächsten Morgen nach dem Frühstück machten sie die zweite Runde der Familienkonferenz und setzten sich wieder an den Tisch. Jeder erzählte seine Ideen und Gedanken vom Vorabend und alle waren voller Eifer dabei. Die vorher festgelegte Zeit von 30 Minuten reichte nicht, trotzdem hörten sie auf und verabredeten sich neu für den Nachmittag. So hatten sie es vorher abgemacht. Es war klar, dass das ein langfristiges Projekt war, bei dem Änderungen sein durften und mussten.

Klare Absprachen und Zeiten helfen aus dem unbefriedigenden Hin und Her. Das Chaos der Kärtchen muss sortiert werden. Wenn alle Ansprüche, Wünsche auf dem Tisch liegen, sind sie für alle sichtbar. Alle können mithelfen, eine neue Ordnung zu bauen. Oftmals machen Erwachsene die Erfahrung, dass die Kinder viel geneigter sind, mitzuhelfen und mehr für die Gemeinschaft zu tun, als man ihnen zugetraut hätte. Und das sogar mit dem größten Vergnügen. Sie bekommen dadurch auch einen wichtigen Stellenwert in der Familie und sind nicht nur Nutznießer, die verwöhnt werden müssen. Es kann natürlich sein, dass Zettel übrig bleiben oder sich nicht verhandeln lassen. Dann steckt meistens ein grundsätzlicheres Problem dahinter. Das sind die besonders wertvollen Karten, für die mehr Zeit benötigt wird. Vielleicht brauchen diese auch manchmal einen besonders geschützten Rahmen wie eine Beratungsstelle, oder man erfindet eine neue Möglichkeit, damit umzugehen.

Boxkampf

Manchmal kommen einem die Explosionsmomente jedoch vor wie ein Boxkampf. Da ist an Reflexion und gemeinsames Zusammensetzen nicht zu denken. Es wird geschimpft, geschrien, man schaukelt sich gegenseitig hoch, wird gemein und unfair und dabei gehen oftmals nicht nur Teller oder Tassen zu Bruch, sondern ganze Beziehungen finden so ein Ende oder verlieren eine Vertrauensbasis.

Nimmt man die Empfindung des Boxkampfs ernst, dann hilft die Betrachtung dieses Bildes vielleicht, um daraus etwas für die Kämpfe in der Familie zu lernen. Ein Box-kampf läuft nach klaren und für jeden transparenten Regeln ab: Zum Beispiel dauert jede Runde eine gewisse Zeit, dann gibt es eine Erholungspause. Schläge unter die Gürtellinie sind verboten, und keiner verlässt den Ring.

Dieser Regelkatalog wird nicht während des Kampfes diskutiert und festgelegt, sondern ist Teil und Grundbedingung des Sports. Übertragen auf die Situation in der Patchworkfamilie könnte das bedeuten, dass ein solcher Regelkatalog bereits im Vorfeld, möglichst in spannungsfreier Atmosphäre, beschlossen wird. Spätestens nach dem ersten Kampf leuchtet jedem ein, wieso ein solcher Rahmen sehr beruhigend und schützend ist.

Gertrud ist seit sechs Monaten in Köln. Herbert und sie haben sich im Internet kennengelernt, ein Jahr lang eine Fernbeziehung geführt und sich nur an den freien Wochenenden gesehen. Herbert lebt mit seinen zwei Kindern Lilli und Lukas, 15 und 17, in dem Haus, in dem er auch mit seiner verstorbenen Frau gewohnt hat. Jetzt ist Gertrud mit Ella, 14, zu ihnen gezogen. Der ganze Prozess ist sehr schnell gegangen, da Gertrud arbeitslos wurde und sehr plötzlich ein tolles Arbeitsangebot in Köln bekam. Die Kinder finden es »unnötig« und kapseln sich ab. Gertrud hat erst mal eine halbe Stelle angenommen, damit sie Zeit für die »Familienumstellung« hat. Am Samstag sind sie alle zusammen zum Geburtstag von Herberts Mutter gefahren. Lukas setzte sich, wie gewohnt, nach vorne auf den Beifahrersitz. Die Mädchen klar nach hinten. Gertrud war verdutzt. Sollte sie auch nach hinten? Warum sagt Herbert nichts? Sie steigt hinten ein und merkt, wie Wut in ihr hochkriecht. Was soll sie tun? Sie will nicht die Stimmung gefährden. Wut herunterschlucken – darin war sie noch nie gut … Beim Geburtstag findet sie, dass Lukas sich unmöglich benimmt. Er kommt ihr vor wie ein Riesenbaby, ein Prinz, der von allen mit Samthandschuhen angefasst wird und der dabei einfach unverschämt ist. Sieht das denn keiner?

Wie von Gertrud befürchtet, ist die Rückfahrt ähnlich. Sie kann keinen Ton mehr sagen, so brodelt sie innerlich. Als sie zu Hause ankommen und Herbert seinen Sohn bittet, sein Fahrrad noch in die Garage zu stellen, und Lukas genervt entgegnet, das sei nicht nötig, platzt sie. Sie schreit Lukas an, beschimpft ihn und knallt ihm dann die Haustür vor der Nase zu. Lukas fängt ebenfalls an zu schreien und boxt und tritt vor die Haustür. Er ist knallrot, schreit auf offener Straße und Tränen laufen ihm über die Wangen. Herbert ist schockiert und fassungslos, Gertrud auch.

Natürlich würde es Sinn machen, diese Situation zu analysieren und viele Fragen dazu zu stellen und gemeinsam zu reflektieren. Oft ist man aber nicht in der Verfassung, hat nicht die Lust oder vielleicht, wie in diesem Beispiel, nicht die Basis, das gemeinsam zu tun. Lukas hat sich sein Fahrrad geschnappt und ist zu einem Freund gefahren. Erholungspause von der Familie. Lukas' Freund verstand und beruhigte ihn und sprach ihm Mut für die nächste Runde am nächsten Tag zu. Er musste zurück in den Ring, ob er wollte oder nicht. Gertrud und Herbert beschlossen nach dieser Eskalation, sich beraten zu lassen.

Eine große Aufgabe in dieser Phase ist es, einen stabilen Rahmen zu schaffen, in dem eine produktive Auseinandersetzung stattfinden kann. Abmachungen, Regeln und klare Strukturen helfen aus der Eskalationsspirale heraus und ermöglichen die absolut notwendigen und unvermeidbaren Kämpfe. Allein das Wissen darum, dass es Kämpfe geben muss, hilft, sie zu ertragen und sie mit einem sichernden Regelkatalog durchführen zu können.

Auch bei kleineren Kampfgesprächen des Liebespaares geht man oft aus dem Ring, um Schlimmeres zu vermeiden oder um wieder zu sich zu kommen. Diese Erholungspausen sind wichtig, jeder nimmt sich seinen notwendigen Raum. Es hilft, sie vorher einzuplanen. Geht jemand aus dem Zimmer, knallt die Tür dabei, kann das solch ein Einläuten einer Erholungsphase sein. Ohne eine vorherigen Absprache kann ein solches Verhalten allerdings auch Ängste der Trennung wiederbeleben.

Reflektieren und Sortieren
Bei dem Autobeispiel ging es um den Platz neben dem Vater, auch im übertragenen Sinne. Gertrud ist davon ausgegangen, dass der Platz an Herberts Seite frei sei. Jetzt findet sie sich in einer Konkurrenzsituation wieder, weil sein Sohn diesen Platz besetzt hat und es nicht einsieht, ihn frei-

zumachen. Es passt aber nur ein Mensch auf einen Beifahrersitz. Ist der Platz nun frei oder nicht? Diese Frage ist nicht einfach mit »Ja« oder »Nein« zu beantworten, sondern bedarf einer genaueren Betrachtung der Position, die mit diesem Sitz vergeben wird. Welche Bedeutung hat dieser Sitz für den Sohn? Für die Stiefmutter? Für den Vater? Und schon hat man unterschiedliche Frage- und Problemkomplexe, denen diese zugespitzte Frage nicht gerecht wird.

Herbert denkt noch oft an die schwierige Zeit zurück, als seine Frau krank war und schließlich gestorben ist und die Kinder sehr gelitten haben. Er will ihnen nicht noch mehr Ärger zumuten, daher vermeidet er intuitiv Auseinandersetzungen mit seinen Kindern. Diese Schonung auf der einen Seite führt allerdings zum verstärkten Spannungsfeld mit der Stiefmutter. Gerade in Familien, in denen es unbewusst ein Stillhalteabkommen zwischen Vater und Kindern gibt, erhält die Stiefmutter oftmals eine Ventilfunktion. Alle angesammelten Spannungen können hier heraus, ohne dass damit das Stillhalteabkommen zwischen Vater und Kindern gebrochen werden müsste. Die böse Stiefmutter ist schuld!

Je mehr also der gesicherte Boxkampf ein Familienritual wird und der Vater mit in den Ring steigt, auch mit Sohn oder Tochter, umso selbstverständlicher und damit weniger bedrohlich wird die Auseinandersetzung werden. Umso klarer werden die Gefühlswelten und Grenzen eines jeden in der Familie.

3. Phase: Es fügt sich

Diese Phase erkennt man daran, dass die Kämpfe weniger werden und die Lage sich beruhigt. Es hat sich eine sehr zerbrechliche und noch leicht zu irritierende Ordnung eingestellt. Es gibt Rituale, an die sich alle langsam gewöhnen, und es entwickelt sich eine Vorstellung davon, wie das Zusammenleben aussehen könnte.

Finn, 8, hat wirklich viel versucht, um Nadine das Leben schwer zu machen. Obwohl er sie mochte und ja schon vom Kindergarten her kannte, hatte er große Probleme damit, dass sie auf einmal nach dem Abendessen nicht mehr nach Hause ging. Sie saß mit auf dem Sofa und kuschelte sich an Papa. Das war immer sein Part gewesen. Es gab schlimme Kämpfe, er hat zum Beispiel Nadine so lange geärgert, bis sie richtig sauer wurde und ihn ins Zimmer schickte. Finn weigerte sich dann und guckte seinen Vater fast weinend an. Meistens musste er dann nicht ins Zimmer. Das fühlte sich dann sehr gut an, als ob er ein Tor gegen Nadine geschossen hätte. Oder er ließ das Licht im Treppenhaus an, weil er wusste, dass Nadine das nicht haben konnte. Wieder kam es zum Streit und Finn merkte, dass Papa Nadine anguckte, als ob er sagen wollte: Musst du so streng sein?

Sie hatten jetzt immer einen ganz klaren Wochenendablauf: Freitags holte Papa Finn ab, sie gingen ein Eis essen oder eine Cola trinken, trafen dann Nadine und gingen zusammen fürs Wochenende einkaufen. Dabei war klar, dass er auch einmal mit Papa kochen würde, was er will. Das fand er toll, er lief also immer als Erstes in die Nudelabteilung. Zum Schluss des Einkaufs gingen sie an den Zeitungsstand und kauften für jeden eine schöne Zeitung fürs Wochenende. Samstags hatte er meist ein Fußballspiel, zu dem er mit Papa fuhr. Nachmittags unternahmen sie oft was zu dritt. Sonntags machte er mit Papa Frühstück. Und Nadine hatte ihm zum Geburtstag Flugsaurier zum Basteln geschenkt, das machten die beiden immer mal zwischendurch, wenn sie Lust dazu hatten. Sonntags nach dem Frühstück war seine Alleinzeit. Papa und Nadine brauchten dann eine Stunde für sich. Er ging dann entweder zum Nachbarsjungen oder er durfte einen Film anschauen oder er malte was. Das war nicht so toll, aber okay.

Finn musste sich wohl oder übel an Nadine gewöhnen. Er wollte immer noch nicht, dass sie bei Papa wohnt, aber er ertappte sich manchmal dabei, dass er mit Nadine lachte. Oder dass er mit ihr zusammen auf dem Sofa saß und TV sah und sich wohlfühlte. Wenn ihm das geschah, sagte er direkt wieder etwas Doofes zu ihr, damit sie ja nicht denken sollte, er fände sie cool.

Die Abläufe und Strukturen sind noch nicht gefestigt, aber doch klar. In dieser Phase sind Kommunikationsrituale besonders wichtig, da ja vieles überdacht, revidiert und korrigiert werden muss. Und dann wird wieder etwas Neues ausprobiert. Wenn über Form und Struktur nicht mehr geredet werden muss, weil diese klar sind, fängt der Gewöhnungsprozess an. »Wenn es schon so ist, dass du jedes Wochenende einen Tag allein mit deinen Kindern verbringen willst, dann will ich nicht alleine zu Hause sitzen und auf dich warten, sondern nutze diesen Tag allein für mich! Vielleicht mit Freundinnen oder Familie, vielleicht auch noch ganz anders ...«

Freiräume werden in den Strukturen deutlich und ein Experimentieren innerhalb der festgelegten Strukturen wird möglich. Allerdings merkt man in dieser Phase noch sehr leicht, wie durch beabsichtigte oder unbeabsichtigte kleine Missachtungen der Struktur das gesamte System erschüttert werden kann. Dann droht schnell ein scheinbarer Rückfall in die zweite Phase. Aber Kämpfe gehören immer dazu und sind keine Rückfälle.

Phase 4: Etablierung – »Wir sind so!«

Im Laufe der Zeit werden einige Rituale überflüssig und verschwinden wieder, andere bewähren sich und gehen in Fleisch und Blut über. Sie werden zu neuen Familienselbstverständlichkeiten. Besonderheiten und Macken der Einzelnen dürfen sein und oftmals wird ein Anderssein wahrgenommen und erwähnt, aber nicht mehr infrage gestellt. Die Stiefmutter ist zum Beispiel nun mal besonders ängstlich, was schmutzige Keime in der Wohnung angeht, von daher ist es klar, dass die Straßenschuhe im Flur stehen bleiben und man sich direkt beim Hineingehen die Hände wäscht. Der eine mag keinen grünen Salat, also ist auch immer eine Tomate beim Essen auf dem Tisch.

Ganz spezifische Regeln und Rituale gehören zu jeder Familie, wie zu jedem Spiel auch besondere Regeln gehören. Kinder haben keine Probleme, das Spiel mitzuspielen oder die Regeln in dieser Familie zu beachten, wenn sie klar und überschaubar sind. Kinder können innerhalb von Minuten vom Volleyball-Spielfeld zum Fußballfeld wechseln und haben keine Schwierigkeiten, sowohl bei dem einen als auch bei dem anderen Spiel erfolgreich mitzuspielen. Wenn sie die Regeln kennen und verstanden haben.

Michaela, 7, weiß genau, wenn sie bei Mama ist, braucht sie gar nicht erst zu fragen, sie darf ihren iPod nicht mit ins Bett nehmen. Sie darf auch immer nur eine halbe Stunde Fernsehen schauen und nur, wenn Mama neben ihr sitzt, am iPod spielen. Bei Papa ist das anders. Er hat sein Handy immer bei sich und muss viel damit arbeiten. Sie darf dann auch an ihrem iPod mit ihm arbeiten. Das ist cool. Andererseits muss sie bei Papa immer am Tisch sitzen bleiben, bis alle fertig sind mit dem Essen. Das nervt. Bei Mama kann sie aufstehen, wann sie will. Und auch mit dem Ins-Bett-Gehen ist Mama nicht so streng wie Papa. Johannes, ihr Stiefvater, ist extrem pingelig, was seine Musik- und Computeranlage angeht. Bei Papa kann sie überall ran und sich selbst ihre Musik anmachen. Bei Johannes ist das unmöglich. Mit Claudia, ihrer Stiefmutter, kann sie gut basteln. Mama hat überhaupt keine Geduld dazu. Dagegen ist Claudia extrem unentspannt, wenn sie im Badezimmer ist. Dann darf niemand rein. Sie braucht zum Schminken ihre Ruhe, und das kann dauern. Mama ist immer in zwei Minuten fertig und Michaela darf immer mit Mama ins Badezimmer, wenn sie will.

Wenn Unterschiede wahrgenommen und akzeptiert worden sind, dann sind neue Selbstverständlichkeiten da, die im Alltag Einzug halten. Kinder können diese Eigen- und Selbstverständlichkeiten stehen lassen und sich gegebenenfalls dann bewusst entscheiden: »Und ich mache es später ganz anders als Mama und Papa!«

Geburtstage und andere Festtage

Geburtstage sind besondere Tage mit besonderer Bedeutung und besonderen Ritualen. Da ist die Gefahr besonders groß, dass die Bedürfnisse und Wünsche aufeinanderknallen und enttäuscht werden.

Meike wird 14. Für sie ist es ein besonderer Tag, sie darf sich jetzt endlich bei Facebook anmelden. Das hat ihre Mutter ihr versprochen. Sie hat ihr Smartphone daher extra mit zu Papa genommen, bei dem sie den Geburtstag dieses Jahr feiert. Ihr Plan war, noch vor der Schule diese Anmeldung vorzunehmen und möglichst viele ihrer Freunde zu adden, damit sie an diesem Tag auch viele Glückwünsche über Facebook erhalten könne. Sie hatte sich also den Wecker extra eine Stunde früher als sonst gestellt.

Ihr Vater Jens lebt seit einem halben Jahr mit Jenny zusammen. Sie verstehen sich eigentlich alle gut, bis auf ein paar Ausnahmen. Aber Meike mag Jenny und fand es okay, nachmittags mit ihr den Geburtstagskuchen zu essen. Früher waren ihre Eltern oft morgens total in Eile oder sogar schon unterwegs und der eigentliche Geburtstag im Familienkreis fing erst nachmittags nach der Schule an.

Jenny hat sich gefreut, dass Meike an ihrem Geburtstag bei ihnen ist, und sich viele Gedanken gemacht, wie sie diesen Tag besonders schön werden lassen kann: Natürlich gehört ein Ständchen morgens am Bett dazu, eine Geburtstagskerze und ein Kuchen sind ein Muss – so wurde sie immer an ihrem Geburtstag geweckt. Der Frühstückstisch war immer das Wichtigste. Er musste prall gefüllt und über und über mit Blumen und Kerzen geschmückt sein. Meike hatte um 8 Uhr Schule, musste um 7.30 Uhr das Haus verlassen, steht sonst immer um 6.45 Uhr auf, also hatte Jenny überlegt, sei 6.30 Uhr ein guter Zeitpunkt für das Ständchen. Bis nach Mitternacht hatte Jenny noch Kuchen gebacken, die Girlande aufgehängt und den Frühstückstisch liebevoll dekoriert. Um 6 Uhr klingelte ihr Wecker, sie weckte Jens und zusammen bereiteten sie die letzten Dinge vor und gingen dann singend mit Kuchen und Kerze zu Meike ins Zimmer.

Meike fiel aus allen Wolken. Sie war kurz davor, dass ihr Profil fertig war. Es fehlte nicht mehr viel. Sie freute sich auch über die Überraschung, hatte aber auch Befürchtungen, dass sie jetzt nicht mehr ihre Freunde hinzufügen konnte. Jenny war irritiert, als Meike spürbar verkrampft meinte: »Schön, danke! Ich komme gleich zum Frühstück!« Jenny und Jens hatten die Geschenke natürlich auch dabei und eigentlich wurden diese im Beisein aller im Bett ausgepackt. Aber Meike wollte keine Geschenke ... Sie kam kurz vor knapp zum Frühstück und musste schnell los. Sie sah zwar die ganze Dekoration, konnte dazu aber gar nichts sagen. Geschenke auspacken und Singen macht man doch erst nachmittags beim Kaffee, dann sind auch Oma und Opa dabei und dann wird gefeiert. Wieso sollte sie das jetzt schon tun?

Die Erwartungen sind an solchen Tagen hoch. Der besondere Tag soll perfekt sein. Meistens erkennt man diese hohen Erwartungen allerdings erst an den Enttäuschungen. Gerade wenn man noch nicht gut mit Enttäuschungen umgehen kann und noch nicht ihren Wert sehen kann, ist es hilfreich, sich die Erwartungen im Vorfeld bewusst und klar zu machen. Im Rahmen einer Familienkonferenz oder eines gemütlichen Beisammenseins kann jeder von seinen Geburtstagserfahrungen erzählen und was ihm oder ihr besonders wichtig ist. Das sind wertvolle Informationen für einen solchen Tag!

Wenn jetzt aber der große Tag des Geburtstags, der Einschulung, der Kommunion oder der Konfirmation da ist – wie geht man denn in der Patchworkfamilie solche Tage an, die schon für klassische Familien eine ziemliche Herausforderung sind? Wie bekommt man die ganzen Erwartungshaltungen und Wünsche unter einen Hut? Wer bestimmt letztendlich? Und wer muss sich fügen?

Finn lebt bei seinem Vater, seiner Stiefmutter und seinen beiden Halbgeschwistern. Finns Mutter ist beruflich viel unterwegs und daher sieht Finn sie zwar oft, aber unregelmäßig. Jetzt hat sie sich extra für Finns Geburtstag freigenommen und möchte an seinem Geburtstag mit ihm in den Zoo gehen, einen Mutter-Sohn-Tag machen. Der Vater stellt sich eine Feier im Familienkreis vor, ganz traditionell mit seinen weiteren Kindern, seiner Frau und Oma und Opa. Und Finn? Der möchte am liebsten mit Mama und Papa zusammen feiern – so wie früher. Was tun? Dabei sind ja die Wünsche und Vorstellungen der Stiefmutter und der vielen Großeltern noch gar nicht dabei. Wie bekommt man denn alles unter einen Hut?

Finns Eltern haben beide ein schlechtes Gewissen und sind bereit, alles zu tun, damit Finn einen tollen Geburtstag hat und er sieht, dass sie beide ihn über alles lieben. Doch Finns Wunsch, gemeinsam mit beiden Eltern zu feiern, ist schwierig. Wie soll das gehen? Was würde die Stiefmutter dazu sagen, sie hat doch auch eigene Vorstellungen?

Oftmals wird der Wunsch des Kindes zum Maßstab für die Eltern. Schuldgefühle, das schlechte Gewissen bringen Eltern dazu, »ihm wenigstens jetzt den Wunsch zu erfüllen; koste es, was es wolle!«. Damit gemeint sind in erster Linie die seelischen Kosten, die alle Beteiligten aufbringen müssten. Denn wenn der Geburtstag so gefeiert wird, wie Finn es sich wünscht, ist Stress vorprogrammiert. Niemand will gerne mit einem Menschen feiern, den man nicht mehr sehen will. Aber jetzt soll das funktionieren? »Dem Kind zuliebe reißt man sich halt zusammen ... Kindes Wunsch ist uns Befehl!«

Das, was Kinder sich wünschen, ist nicht immer das, was sie auch brauchen!

Finn will natürlich nicht, dass sein Vater total verkrampft, er will auch nicht, dass es Zoff mit der Stiefmutter deswegen gibt. Er will auch nicht, dass Mama feste die Zähne zusammenbeißt, obwohl sie eigentlich auf Papa losschimpfen will, und er will auch nicht, dass beide ihm einen perfekten Tag vorspielen und froh sind, wenn sie den Tag hinter sich haben ...

Er will die authentische, liebevolle und wohlwollende Geborgenheit von früher wieder. Und die gibt es in dieser Form nicht mehr. Das tut weh. So ist es!

Kinder brauchen Klarheit und Echtheit und keine verkrampften Eltern, die ihnen eine Mogelpackung schenken.

Finns Eltern haben sich beraten lassen und entschieden, dass sie Finns Geburtstag nicht zusammen feiern. Das haben sie ihm gemeinsam gesagt und dabei haben sie zu dritt geweint, weil sich alle erinnert haben, wie schön die ersten Geburtstage waren. Trauer hilft, Altes loszulassen und den Blick frei zu machen für Neues. Dann haben die Eltern entschieden, dass sie abwechselnd Finns Kindergeburtstag ausrichten. In diesem Jahr ist der Vater dran. Nächstes Jahr die Mutter. Dafür geht Finn mit seiner Mutter dieses Jahr am Tag des Geburtstags in den Zoo.

Die Eltern haben die Verantwortung übernommen und Finn die Last der Entscheidung abgenommen. Finn ist nicht wirklich einverstanden, sondern findet es eher gemein. Er schimpft mit seinem Vater, und trotzdem ist der Vater sich sicher, dass Finn erleichtert ist. Zwei Tage später schmiedet Finn gut gelaunt große Pläne für seine zwei Geburtstagsfeiern.

Je früher man beginnt, über Rituale, Wünsche und Erwartungen in Bezug auf ein bevorstehendes Fest zu reden, umso mehr Möglichkeiten gibt es, Selbstverständlichkeiten aufzuspüren und zu hinterfragen. Oftmals hilft es, eine scheinbar verfahrene Situation im Raum stehen zu lassen oder eine Nacht darüber zu schlafen. Bei Gesprächen, bei Erinnerungen, beim Lesen oder Träumen kommen oft Ideen, die weiterhelfen. Und dann kann miteinander verhandelt und überlegt werden und jeder hat genügend Zeit, sich auf ein entsprechendes Modell einzustellen.

Absolute Zuspitzung: Weihnachten – das Fest der lieben Familie

Nochmals eine Zuspitzung der Selbstverständlichkeiten kann man jedes Jahr zu Weihnachten erleben. Weihnachten ist DAS Familienfest. Die Einheit der Familie soll gefeiert werden. »Süßer die Glocken nie klingen« soll ertönen und alle sollen in Einklang und Frieden glücklich beisammen sein.

Doch wie bekommt man das als getrennte Familie hin? Längst ist jedem klar, dass Friede, Freude, Eierkuchen gar nicht möglich und vielleicht auch nicht erstrebenswert sind, doch unbewusst ist die Sehnsucht sehr groß. Da führt immer noch das Idealbild der Familie aus den 1950er-Jahren Regie: Mutter und Vater sitzen mit ihren zwei Kindern unterm Tannenbaum, alles harmonisch und friedlich. Die Kinder haben glänzende Augen, der Braten duftet aus dem Ofen und der Tisch ist lieblich gedeckt.

In klassischen Familien ist Weihnachten meist schon eine Herausforderung, in Patchworkfamilien eine logistische Meisterleistung. Die eigenen Ansprüche, die der Ex, der neuen Geliebten, der Eltern, der Exschwiegereltern, der neuen Schwiegereltern … Und für alles hat man eigentlich nur einen, zwei, maximal drei Tage … Wie soll man das fließend, harmonisch und im Einklang hinkriegen? Das Unliebsame des Alltags, das Hin und Her, Streit, Eifersucht und Konkurrenz sollen herausgehalten werden, alles soll zuckersüß erscheinen. Wie beim Zuckerbäckerhäuschen, das auf den Weihnachtstischen als wichtiges Symbol steht.

Es sieht verlockend aus, bunt, lecker, jeder will daran naschen. Doch im Märchen »Hänsel und Gretel« wird man ins Zuckerhäuschen gelockt und dann verbraten und verraten. Die hohen Ansprüche an die Familieneinheit zwängen einen in ein Korsett. Viele Familien spielen die heile Familie, obwohl es eigentlich zwischen den Menschen brodelt und kocht. Klebrige Weihnachtsharmoniezwänge lassen einen von A nach B und weiter nach C fahren, zwischendurch bei D vorbei, um bei E die Kinder abzugeben und sich bei F zu befreien. Puh! Gott sei Dank geschafft! Die Gefahr, dass es zwischendurch einen Weihnachtskrach gibt, ist groß.

Warum nimmt man das Symbol des Zuckerhäuschens so wichtig? Warum nicht das eigentliche Symbol, die Krippe? Maria, Josef und Jesus sind doch auch eine Patchworkfamilie. Sie fanden keine wohlwollende Herberge, keine Unterstützung und keine Zuckerbäckeridylle. Aber sie fanden eine Krippe. Vielleicht konnte das Weihnachtsglück stattfinden, gerade weil sie sich eingelassen haben auf die Unsicherheit, auf Provisorisches und Unperfektes. Sie haben die Krippe gefunden, kein gestyltes, glitzerndes Wohnzimmer. Nichts war geplant, aber alle haben Platz gefunden und Tage später erst sind die Könige gekommen. Es war eng und zugig im Stall, vielleicht braucht der Weihnachtszauber diesen Raum und diese Durchlässigkeit zur Entfaltung.

Konkrete Weihnachtsgestaltung

Wie kann also ein Weihnachtsfest in der Patchworkfamilie so werden, dass es die Stiefmutter als »Frohe Weihnachten« empfinden kann?

1. Informationen austauschen über Weihnachtserlebnisse

Ruhig schon weit im Vorfeld von Weihnachten können im gemeinsamen Gespräch mit dem Partner und gegebenenfalls auch mit den Kindern Erlebnisse und Erfahrungen ausgetauscht werden. Welche Erinnerungen hat man an Weihnachten? Welche Bilder kommen einem in den Sinn? Was war immer besonders schön? Was verbindet man damit? Was will man lieber nicht mehr erleben? Wie fühlte sich das an? Woran hängt man heute noch sehr? Worin besteht für einen der Wert des Weihnachtsfestes? An welcher Tradition möchte man auf jeden Fall festhalten? Worauf kann man verzichten oder ist sogar froh, wenn es wegfallen würde?

Gerade wenn es noch nicht konkret um die Gestaltung des gemeinsamen Festes geht, kann man in solchen entspannten Erzählrunden viel über die eigenen Wünsche und Vorstellungen und über die der anderen erfahren. Allein das Erzählen der anderen, aber auch das Sich-bewusst-Machen der eigenen Erlebnisse, der Bedeutung von lieb gewordenen Traditionen und Ritualen und die Vorlieben für bestimmte Speisen und Dekorationen lassen einen das Weihnachtsfest anders wahrnehmen und bewusster planen.

2. Ein Puzzle wichtiger Weihnachtsaspekte erstellen

Starten Sie mit einem Puzzle! Konkret könnte das so aussehen, dass jeder seine wichtigen Weihnachtsaspekte für das kommende Weihnachtsfest auf Kärtchen schreibt und man gemeinsam überlegt, wie man mit jedem einzelnen Kärtchen umgeht. Und wieder geht es ans Sortieren und Reflektieren und Verhandeln und kreative Gestalten: Wie kann das Weihnachtsfest aussehen? Wie viele Puzzleteile können zum Zuge kommen? Welche schließen sich aus? Wo gibt es Konfliktpotenzial? Wo muss man also noch kreativ werden? Was passt vielleicht auch schon zusammen? Wie kann man die Bedingungen ändern (zum Beispiel gilt die ganze Woche bis Silvester als Weihnachtsfest)?

3. Einen groben Plan machen

Es wird so lange gepuzzelt, bis sich ein grober Plan abzeichnet. Das Gute eines Planes ist, dass man sich auf die einzelnen Punkte einstellen kann. Ein Kind kann gut die Weihnachtsmesse und ein Weihnachtsessen aushalten, wenn es weiß, danach kommt die Bescherung. Ist es sich nicht sicher, dass die Bescherung komm, dann wird es seine Enttäuschung und seinen Unmut bereits bei Tisch deutlich machen. Eine Stiefmutter kann sich darauf einstellen, dass die Restfamilie ihr so wichtiges Weihnachtsritual alleine ausübt, wenn sie weiß, auch ihre Rituale kommen zum Zuge. Sie kann dann sogar die Zeit ohne Partner und seine Kinder als Freiraum wahrnehmen lernen und diesen für sich kreativ nutzen: zum Beispiel noch ein Wellness-Programm einlegen oder einen Besuch bei den eigenen Eltern oder alten Freunden. Steht nur das Ritual der Restfamilie im Mittelpunkt, wird sie sich von den anderen bestimmt fühlen, vielleicht abgewiesen und nicht gesehen. Das sind ideale Bedingungen für Unmut, Neid und Eifersucht.

4. Einen Plan B und einen Notfallmaßnahmenkatalog erstellen!

Viele Unsicherheiten kann man schon vorher in die Überlegungen mit einbeziehen. Auch ist das Offenlassen des Programms an manchen Stellen sehr wohltuend, da sich dort Neues und Unerwartetes entwickeln kann und darf. Für den Fall, dass es dann doch anders kommt als gedacht (was häufig geschieht), sollte man vorher ein Prozedere überlegen, wie das Paar damit umgehen kann. Kommt beispielsweise ein Anruf von außen mit einer Planänderung, könnte man direkt eine Floskel parat haben: »O.K., ich brauche fünf bis zehn Minuten, dann melde ich mich wieder!« Diese Zeit könnte man dafür nutzen, in sich hineinzuhören, um den eigenen Standpunkt zu spüren und den Standpunkt des Partners zu erforschen. Dabei ist es wichtig, schnell und der Situation angemessen zu entscheiden und zu handeln.

Beispielsweise ist die Mutter plötzlich krank und das Kind muss nun doch das ganze Weihnachten bis Silvester beim Vater bleiben, obwohl der Plan eine ausgiebige Paarzeit vorgesehen hatte. Es ist Weihnachten, der Geliebte ist Vater und natürlich kann und will er seinem Kind nicht sagen: »Geht nicht!« Die Stiefmutter sieht es einerseits ein, andererseits ist es wieder typisch, sie wird hintangestellt. Wie kann dieses Weihnachten noch gerettet werden?

Wichtig ist es für das Paar, bereits zum Zeitpunkt der Entscheidung im Hinterkopf zu haben, dass diese Enttäuschung und Verletzung noch zu behandeln ist. Was braucht die Stiefmutter, um bei diesem neuen Plan wohlwollend mitmachen zu können? Was braucht der Vater, um nicht aus Zerrissenheit nur hin- und herspringen zu müssen? Was braucht das Kind, um sich wertvoll und willkommen zu fühlen? Wann gibt es Zeit, diese Gefühlslagen zu behandeln?

Und wieder steht ein kreativer Prozess an: Der Vater fühlt sich zwischen den Stühlen, das Kind ist traurig, weil die Mutter krank ist, die Stiefmutter fühlt sich zurückgesetzt und enttäuscht. Alles ganz schön zugig, ungemütlich und unwirtlich. Hier muss improvisiert werden. Vielleicht sind dies die besten Voraussetzungen, dass sich wie in der Krippe tolle Weihnachtsmomente entfalten können!

Kapitel 3

Der Spagat zwischen Erziehung und Beziehung

Stiefmütter haben keine Erziehungsberechtigung: Was bedeutet das für die Beziehung?

Die Beziehung zwischen Stiefmutter und Stiefkind ist nicht klar definiert; deshalb ist das Thema Erziehung häufig ein Anlass zur Beratung. Da verschiedene Aspekte hier hineinfunken, die nicht klar einzuordnen sind, haben die Stiefmütter Gesprächsbedarf.

Formaljuristisch wird oft betont, dass die Stiefmutter keine *Erziehungsberechtigung* hat. Damit wird das Augenmerk direkt auf ein Defizit gelenkt, etwas, das man nicht haben darf. In Verbindung mit dem negativen Stiefmutterbild aus den Märchen entsteht – natürlich ebenso unausgesprochen wie unreflektiert – eine bestimmte Vorstellung von der Stiefmutter: Sie ist eine Frau, die alles für das Stiefkind tun muss, aber keine Berechtigung hat, etwas vom Kind zu fordern oder zu erwarten. Sie steht voll zu Diensten des Kindes und darf selbst keine Ansprüche haben.

Fragen von Stiefmüttern sind zum Beispiel:

»Erziehungsberechtigt sind ja eigentlich nur die Eltern, heißt das, dass ich alles hinnehmen muss?«

»Habe ich nur Pflichten, keine Rechte?«

»Ich komme mir völlig ohnmächtig vor, ich möchte gerne in meiner Wohnung einen Hebel haben, um das Kind in Griff zu halten. Aber ich habe keine Berechtigung! Habe ich überhaupt etwas?«

»Ich komme mir vor wie eine Putz- und Hausfrau, deren Dienste alle in Anspruch nehmen dürfen. Nur werde ich noch nicht einmal bezahlt. Den Kindern muss man doch mal beibringen, wie man respektvoll mit anderen umgeht!«

Allen gemein ist das Gefühl, etwas hinnehmen zu müssen, keine Rechte zu haben, zu kurz zu kommen, zurückstecken zu müssen, ohnmächtig zu sein, die eigenen Vorstellungen nicht äußern zu dürfen und als Mensch mit eigenen Bedürfnissen nicht gesehen zu werden.

Aus dieser Situation heraus erscheint vielen Frauen die Berechtigung zur Erziehung wie eine Möglichkeit, alles zum Guten zu wenden. Doch diese wird ihnen – wie sie empfinden, leider – verwehrt.

Manfred und Claudia wohnen seit einem Jahr zusammen. Jedes zweite Wochenende sind Lukas, 8, und Luis, 10, bei ihnen. Die Beziehung zwischen den Kindern und Claudia war am Anfang ganz okay, jetzt ist es immer angespannter. Claudia fühlt sich an den Wochenenden zunehmend unwohler, hat dabei eigentlich großes Verständnis für die Jungs. Aber sie ist genervt von den Klamotten, die immer durch den Flur fliegen, von den Chipstüten, die nach dem TV-Gelage einfach liegen gelassen werden, und davon, dass die Handtücher im Bad regelmäßig auf dem Boden liegen. Sie wartet immer, bis es eine Gelegenheit gibt, bei der sie es in noch gemäßigter Art und Weise Manfred sagen kann, denn er ist ja der Erziehungsberechtigte und nur er darf die Kinder erziehen! Aber dann denkt sie auch oft: »Ach komm, jetzt nicht! Manfred ist gerade so glücklich mit seinen Jungs!« Sie will sich nicht immer beschweren und schon gar nicht einen Streit vom Zaun brechen, deshalb macht sie regelmäßig eine Faust in der Tasche und leider, leider geht das Genervtsein davon nicht weg, sondern kommt dann doch unkontrolliert und oft beleidigend raus. Das will sie nicht mehr! Aber was kann sie tun?

Wäre hier die Erziehungsberechtigung die Lösung? Was wird damit verbunden? Was erhofft man sich dadurch? Wenn man die Erziehungsprobleme in klassischen Familien anschaut, könnte man dann nicht froh sein, gerade keine Erziehungsberechtigung zu haben? Letztlich gilt, ob mit oder ohne Berechtigung: Geht man mit Kindern in

Beziehung, kann man es gar nicht verhindern, sie auch zu erziehen.

Erziehung ist Beziehung

Erziehung ist Beziehung: Kommen Kinder auf die Welt, haben Eltern die Verantwortung für das Kind. Je nach Persönlichkeit der Mutter und des Vaters haben sie auch ihre eigenen Ansprüche an die Beziehung zum Kind. Sie versorgen es so, wie sie meinen, dass es richtig ist, und wie sie es können. Sie prägen ihre Kinder wesentlich durch ihr Dasein und vermitteln ihnen grundlegende Werte und Prinzipien. Sie entscheiden aufgrund ihrer Überzeugungen und ihrem Gefühl über Kindergarten und Schule, fühlen sich verantwortlich für die Vermittlung bestimmter Regeln, Strukturen und fördern Freizeitaktivitäten oder eben nicht.

Doch Kinder sind keine leeren Gefäße, die man nur füllen muss, sondern die Persönlichkeit des Kindes steht der Persönlichkeit und dem Anspruch der Eltern gegenüber und gestaltet den Prozess mit. Dieser Prozess braucht einen Rahmen mit Spielregeln, die Halt geben.

Entwicklung braucht einen Rahmen

Eltern – und viele andere Bezugspersonen – bieten dem Kind (Beziehungs-)Rahmen, in denen es sich entwickeln und Schritt für Schritt lernen kann, selbst die Verantwortung zu übernehmen.

Kommt ein Kind in die Schule, weiß es, die Schule fängt um 8 Uhr an und beim Klingeln beginnt oder endet die Pause. Es lernt seine Lehrerin kennen und weiß bald, dass sie, wenn sie den Arm hebt, Ruhe haben will. Es lernt, dass man aufzeigen muss, wenn man etwas sagen will, und dass es nur in der Pause auf die Toilette gehen darf … Die Lehrerin schafft sich so einen Rahmen, in dem sie gut arbeiten und genügend Kapazitäten für das Wohl der Kinder einsetzen kann. Die Kinder erhalten auf diese Weise einen Rahmen, der ihnen die Orientierung in der Schulwelt erleichtert. Oft braucht es eine Weile, bis die Kinder sich darauf einlassen können. Das ist der Prozess des gegenseitigen Kennenlernens.

Der Sportverein setzt einen anderen Rahmen. Die Trainerin liebt es, von Anfang an in Bewegung zu sein. Von daher fängt sie zu Beginn alle Kinder, die in der Turnhalle herumlaufen. Sind sie einmal abgeklatscht, müssen sie zum Mittelkreis und das Training startet. Auch hier sorgt die Trainerin mit einer aktiven Bewegungseinheit für sich, bevor sie sich ganz auf die sportliche Erziehung der Kinder konzentriert.

Eltern suchen die Schule aus, die ihrer Meinung nach zum Kind passt, in der es sich am besten entwickeln kann.

Wenn ein Kind sich gut aufgehoben fühlt, sicher ist und Vertrauen zu der Erziehungsperson hat, lernt es unbeschwert und lässt sich von dieser führen. Dabei kann es durchaus Konflikte geben: »Das, was du willst, geht nicht! Hier geht es lang!« Den Ärger und die Wut, die das Kind dann hat, muss man als Erziehungsperson aushalten und verantworten.

In jedem Fall gilt: Ist der Beziehungsrahmen sicher und stabil, gibt es einen Freiraum und bietet sich die Chance, sich und den anderen besser kennenzulernen. Deutlich wird hierbei, dass es oft eine Richtung gibt, in die das Kind will, und eine, in die es gehen soll. Je klarer man sich als Erziehungsperson seiner Werte und seines Willens ist, umso leichter ist es, das Kind zu führen und dafür die Verantwortung zu übernehmen.

Der Rahmen in der Patchworkfamilie muss erst geschaffen werden

In der Patchworkfamilie ist der Rahmen oft nicht so klar. Es gibt nicht nur die eine Perspektive der Eltern (die ja auch in klassischen Familien oft nicht nur eine ist), und vor allen Dingen gibt es nicht mehr das Urvertrauen, dass alles gut ist, wenn Mama und Papa zusammen da sind. Die Unsicherheit, mit der das Kind sich auseinandersetzen muss, betrifft die Perspektive von Mama, die von Papa und die von der Stiefmutter und eventuell die Perspektiven von Geschwistern. Und irgendwie spürt das Kind auch noch eine eigene, aber oft geht die im Wirrwarr unter und wird nicht erkundet.

Vielen Stiefmüttern ist bewusst, dass die Tatsache, dass ihr Partner Kinder hat, Einfluss auf ihr Leben hat. Oft ist der zeitliche, also der äußere Rahmen klar. Die Stiefmutter ist an Wochenenden, in den Ferien oder immer, alltäglich Teil der neuen Patchworkfamilie. Dieser neue Familienrahmen muss nun geformt werden, eine Klarheit bekommen, damit sich das Kind, die Erwachsenen und die ganze Familie zusammen entwickeln können.

Jens hat zwei Jungs, 13 und 15. Vor fünf Jahren ist er aus dem gemeinsamen Haus mit seiner Exfrau ausgezogen; seitdem lebte er mit seinen Kindern die Hälfte der Woche in einer kleinen Wohnung. Die »Männerwirtschaft« ist aber seit sechs Monaten vorbei. Nun wohnen die drei mit Jil zusammen. Sie erwartet bald ein Kind von Jens.

Matti, 13, hat anscheinend Probleme mit der Situation. Seit einigen Wochen gehen Jil und er sich aus dem Weg, gemeinsame Situationen sind völlig beklemmend und enden meist mit Türengeknalle und gemeinen Beschimpfungen von Matti. Seinem Vater gegenüber sucht Matti Nähe, kann aber nicht sagen, was eigentlich mit ihm los ist. Jil hat viel Verständnis für Mattis Situation. Trotzdem ist jetzt eine Grenze erreicht, sie will sich nicht die ganze Schwangerschaft und ihr Familienglück durch Matti »versauen« lassen: »Der Junge muss erzogen werden!« Da sie es nicht darf, soll Jens es richten. Abends sitzen sie zusammen und sind beide unsicher: Jens hat trotz des unmöglichen Verhaltens Mattis den Impuls, ihm die körperliche Nähe nicht zu verwehren. Für Jil ist das aber unerträglich. Sie sieht damit eine Bestätigung von Jens für Mattis Verhalten. Deshalb hat Jens es die letzten Tage auch »durchgezogen« und war hart zu Matti. Das bricht ihm fast das Herz. Jil sieht auch Mattis Not und kann Jens gut verstehen. So kann es auch nicht gehen. Sie würde ihr eigenes Kind wahrscheinlich auch nie im Stich lassen, egal was es macht. Muss sie es also doch ertragen? Was tun?

Wie schafft man einen stabilen Beziehungsrahmen?

Ähnlich wie die Schule oder der Sportverein den Kindern einen klaren Rahmen bieten, so benötigen die Mitglieder der neuen Familie einen stabilen Rahmen. In ihm findet das Familienleben statt, in ihm können sich die neuen Beziehungen und kann jeder Einzelne sich entwickeln. Ist der Rahmen vorhanden, ist eine wesentliche Voraussetzung gegeben, Konflikte und Probleme zu klären. Drei Bedingungen müssen dabei erfüllt sein:

1. Für den eigenen Stand sorgen: »Hier bin ich!«[4]
2. Den anderen kennenlernen: »Wer bist du?«
3. Wahrnehmen, was ist: »Was passiert hier und jetzt?«

1. Für den eigenen Stand sorgen: »Hier bin ich!«

Ein stabiler Rahmen soll für alle da und hilfreich sein. Deshalb ist es wichtig, dass er nicht nur für das Kind, die Kinder gebaut wird. Es geht um alle, die in der neuen Beziehung stehen. Doch Stiefmütter machen sich oftmals Sorgen um die Stiefkinder und wollen diesen helfen. Sie können sich meist gut in die Situation des Kindes hineinfühlen und setzen einiges in Gang, von dem sie ausgehen, dass es dem Kind guttun muss. Ebenso verhält es sich oft mit dem Partner. Seine Zerrissenheit tut auch seiner Liebespartnerin, also der Stiefmutter weh. Die Gefahr dabei ist, dass man der Vorstellung von der »guten Mutter« folgt und nur die Gefühle und das Verhalten des Kindes und des Lebensgefährten ergründet und es ihnen recht machen will. Die eigene Bedürftigkeit wird nicht beachtet oder hintangestellt und für diesen Verzicht wird – oft unbewusst – eine Anerkennung und Gegenleistung vom Kind und Partner erwartet.

Nadja liebt ihren Mann Dirk. Er ist selbstständig und muss samstags immer noch bis nachmittags arbeiten. Daher ist sie samstags immer mit Lara, 9, allein zu Hause. Sie gehen dann einkaufen, erledigen zusammen Schul-

81

und Bürokram, kochen und basteln. Wenn Dirk dann nach Hause kommt, ist Nadja immer völlig geschafft. Trotzdem sagt sie: »Das ist schon O.K., ich liebe meinen Partner und deshalb ist es selbstverständlich!« Abends räumt Nadja die Küche auf, während Lara die Zeit mit ihrem Vater genießt, der sie ausgiebig ins Bett bringt. »Klar, sie sehen sich so selten!« Um 22 Uhr fällt Nadja erschöpft ins Bett und schläft. Der Sonntag ist oft von schlechter Stimmung bestimmt. Nadja bleibt zwar lange im Bett und darf ausschlafen, aber sie ist schlecht gelaunt und hat zu nichts Lust. Oft spielen Lara und Dirk dann alleine und Nadja fühlt sich ausgeschlossen. Sie ist unglücklich und leidet. Was kann sie denn tun?

Nur wer für sich sorgt, kann auch für andere da sein.

Die Stiefmutter trägt Mitverantwortung für das Gelingen der Patchworkfamilie. Damit sie gut und unbeschwert mitwirken kann, sollte sie für gute Bedingungen für sich sorgen. Ähnlich wie Erwachsene im Flugzeug angehalten werden, im Notfall zuerst sich mit Atemmasken zu versorgen und dann erst die Kinder, ist es hier wichtig, dass eine grundlegende Versorgung der Stiefmutter sichergestellt ist, bevor sie sich um andere kümmert.

Eine Patchworkkonstruktion nur auf Liebe aufzubauen, »Ich tue es aus Liebe!«, ist riskant. Bei Nadja wird diese Liebe jeden Samstag aufs Neue unter schwierigen Bedingungen unter Beweis gestellt und läuft Gefahr, diese Belastung auf Dauer nicht auszuhalten. Schnell kann aus dem

Liebesmotiv dann ein »Ich tue es für dich, damit du mich liebst!« werden. Die unbewusst geforderte Gegenleistung (Anerkennung, Wertschätzung, Liebe) kann und sollte besser bewusst und im Vorfeld eingefordert werden.

Ein solides Fundament wäre zum Beispiel ein Deal: »Für einen Tag mit Lara bekomme ich einen Saunaabend mit dir!« Oder: »Wenn ich den Samstag mit Lara verbringe, mache ich nur Dinge mit ihr, die auch mir gefallen: Freundinnen besuchen, Kino, shoppen etc. Einkaufen, Hausaufgaben begleiten und Kochen ist dein Job am Tag vorher oder nachher!«

So ist die Liebe frei und kann sich ohne Druck entfalten. Leidet nämlich die Liebe unter den Belastungen der Patchworkkonstruktion, ist die Basis für das komplette Familiengebilde in Gefahr und die Existenz aller Beziehungen bedroht. Je nüchterner und geschäftsmäßiger eine Kosten-Nutzen-Rechnung aufgestellt wird, die für alle Beteiligten stimmt, umso mehr Freiraum und Großzügigkeit bekommt die Liebe.

Die Erlaubnis und die Fähigkeit, sich als Erstes um sich zu sorgen und für sich zu sorgen, ist eine grundlegende Basis für jede Beziehung. Leider legen die Beteiligten diese gesunde Basis oft nicht, sondern handeln nach dem Prinzip: »Kümmere dich um andere!« Viele Menschen haben dieses Prinzip bereits als Kind verinnerlichen müssen. Damals war es wahrscheinlich eine gute und richtige Strategie. Jetzt sollte man diese auf den Prüfstand stellen.

Achtsamkeit für sich zu pflegen bedeutet nicht, dass man

egoistisch immer zu seinem Recht kommen muss. Ein klarer Standpunkt ist eine Entlastung für die anderen, die dann besser auf ihre Bedürfnisse achten und ebenfalls einen klaren Standpunkt einnehmen können. Dann kann man anfangen, zu verhandeln, in Beziehung zu gehen, eine Lösung zu finden, den Standpunkten gerecht werden.

Es kann sein, dass es in einer Familie so viele Standpunkte gibt, wie es Personen gibt. Und sogar noch mehr: Oftmals bringen Kinder den Standpunkt der Mutter mit in die neue Patchworkfamilie. Aus Loyalität zur Mutter vertreten sie anstatt des eigenen Standpunktes den der Mutter. Klar ist, dass nicht immer alle unter einen Hut zu bringen sind. Umso wichtiger und notwendiger ist es, dass jeder auf sich achtet: Wie weit kann ich mit gutem Gefühl dem anderen entgegenkommen und wann brauche ich eine Gegenleistung? »Wenn ich jetzt sage, gut, ich verbringe den Tag mit Lara und kaufe ein und koche und mache Hausaufgaben, was brauche ich dann, damit es sich auch gut anfühlt?« Oft liegt ein Impuls für eine angemessene Antwort in der Zauberfrage: »Welches ist der Wunsch, den ich mir erfüllen würde, wenn ich alles selbst gestalten könnte?«

2. Den anderen kennenlernen: »Wer bist du?«

Konfliktsituationen wie die von Jens und Jil und Matti bieten eine große Chance – und gleichzeitig nur diesen einen Ausweg: Es gilt, sich besser kennenzulernen, die Gefühle, Gedanken und Bedürfnisse der anderen wahrzunehmen und zu verstehen und gleichzeitig sich selbst zu zeigen und sich über seine momentane Gefühlslage klar zu werden.

Einen klaren Rahmen kann es hier noch nicht geben, weil man sich noch nicht gut genug kennt und die Strukturen noch nicht individuell angepasst sind. Erste vom neuen Liebespaar gesetzte Entscheidungen und damit verbundene Strukturen können dabei mit bestem Wissen und Gewissen auch zum Wohle des Kindes getroffen worden sein. Aber alles kann man nicht vorweg erahnen und es ist auch nicht erstrebenswert.

Ein Konflikt bringt zum Ausdruck, dass die Struktur noch nicht passt, dass man irgendetwas nicht beachtet und gesehen hat. Vielleicht war es dem Kind oder der Stiefmutter selbst nicht bewusst. Somit bietet ein Konflikt allen Familienmitgliedern die Möglichkeiten, sich und die anderen besser kennenzulernen. Jeder Konflikt ist eine Gelegenheit, neu und wieder in Beziehung zu gehen. Wo bin ich gerade? Was ist für dich gerade wichtig?

Jil, Matti und Jens können verschiedenen Fragen nachspüren:

Wieso reagiert Matti so vehement? Was macht ihn wütend? Was traurig? Was ist so heftig, dass er dafür die bereits gelernten und gut gekonnten Regeln des Zusammenlebens über den Haufen wirft? Wo ist Jil da hineingeraten? Was hat sie – ohne es zu wissen – bei Matti berührt und verletzt? Möchte Matti sich mit Türengeknalle und Beschimpfungen von Jil abgrenzen? Wieso? Sie haben sich doch sonst gut verstanden? Was bedeutet für ihn die Schwangerschaft? Was befürchtet er? Wovor will er sich schützen?

Wieso ist Jil so resolut in solchen Momenten? Die Beschimpfungen berühren sie sehr, wieso kann sie das nicht zugeben und ihre Traurigkeit zeigen? Sie weiß, Matti ist ein Kind und hat selbst Probleme, wieso hat sie so heftige Gefühle gegen ihn? Sie haben sich doch sonst gut verstanden. Was hat sie so getroffen und verletzt? Wie kann sie für sich sorgen? Wieso hat sie ihre Emotionen nicht besser im Griff? Sonst schafft sie es doch immer, Harmonie wiederherzustellen? Welche Grenze ist bei ihr überschritten?

Jens verspürt eine Zerrissenheit und ist traurig. Warum hat er das Gefühl, sich für Matti oder Jil entscheiden zu müssen? Er kann doch beide verstehen. Wieso kann er Matti nicht in den Arm nehmen und gleichzeitig Jil das Gefühl geben, dass er ihre Kränkung versteht? Als Manager mit Führungsverantwortung muss er oft mit ambivalenten Situationen umgehen und schafft es oft, eine Lösung zu finden, mit der alle zufrieden sind? Wieso gelingt ihm das nicht in der Familie?

Empathie, Sensibilität für die eigenen Grenzen, Bedürfnisse und Kränkungen, Akzeptanz und Ernstnehmen von Angst, Wut, Traurigkeit und Schutzbedürfnis der anderen: das alles sind Aspekte, die für eine Erziehung und eine Beziehung wichtig sind. Doch über all die persönlichen Bedürfnisse, Grenzen und Belange kann man sich nicht im Vorfeld austauschen, da sie einem meist selbst nicht bewusst zur Verfügung stehen. Sie aber von sich und von anderen zu erfahren und bewusst zu erleben bedeutet Entwicklung der eigenen Persönlichkeit und der Beziehung. Dabei gibt es kein Richtig und Falsch und auch keine pauschale Lösung. Hier entwickelt sich eine ganz individuelle Verstehensbasis für diese spezielle Beziehung, die die Grundlage für die weitere Familienentwicklung bildet. Selbst banale und kleine Konflikte können diese Möglichkeit bieten, wenn sie entsprechend mit Zeit, Respekt und Ernsthaftigkeit gewürdigt werden. Wird diese Chance erkannt, wird ein stabiles Fundament für das neue Bauwerk Familie gelegt, ein großartiger Bau, der jeden Menschen, der darin lebt, berücksichtigt und keine bloße Schablone darstellt.

3. Wahrnehmen, was ist: »Was passiert hier und jetzt?«

Wie man der Wirklichkeit begegnet, wie sie wahrgenommen und erlebt wird, welche Brille man auf hat, wird von vielen Faktoren mitbestimmt. Kindheitserinnerungen, Prinzipien unserer Eltern, eigene Erfahrungen, Ideen und Träume und ein Grundgefühl leiten uns in unserer Wahrnehmung.

Da jeder eine andere Brille auf hat und eine Situation von jedem anders wahrgenommen wird, ist es unbedingt notwendig, sich auszutauschen. Das individuelle Kopfkino schaltet sich unbewusst hinzu und lässt einen etwas als große Unverschämtheit erleben, das vielleicht für den anderen ein banaler Konflikt ist. Leicht kann sich ein Streit entzünden mit Vorwürfen und Anschuldigungen, obwohl sich schnell alles lösen lassen könnte, würde man durch die Brille des anderen blicken.

Durch Lulus Brille: Lulu, 13, ist sauer auf ihre Stiefmutter Lena. Denn Lena hat vorgeschlagen, dass ihr Vater ein Aupair-Mädchen einstellen soll. Dabei verstanden sie sich in letzter Zeit gut und sie hat ihr sogar letztens ihre Lieblingsmusik vorgespielt, sozusagen als Eintrittskarte in ihre ganz persönliche Welt. Als Lulu 6 Jahre alt war, hatten ihre Eltern auch ein Aupair-Mädchen. Sie saß traurig zu Hause und Mama war weg und Papa auch. Jetzt ist sie nur noch so kurz und wenig bei ihrem Vater und jetzt soll sie hier auch wieder ohne ihn sitzen? Niemals!

Durch Lenas Brille: Lena ist verzweifelt. Sie investiert so viel Energie und Gedanken in die Beziehung zu Lulu und oft kreist in den Gesprächen mit ihrem Partner auch alles um Lulu. Jetzt hatten sie die Idee, ein Aupair-Mädchen einzustellen, damit Betreuung und Fahrdienste für die anderen Kinder (4 und 5 Jahre), Essen kochen, Hausarbeiten begleiten, nicht auch noch so viel Energie von der Beziehung zu Lulu abziehen. Und jetzt? Sie tut und macht so viel und ist dann wieder die Doofe. Da kann sie nur wie immer den Rückzug antreten. Sie hat keine Lust mehr und ist bockig.

Sowohl Lulus als auch Lenas Ängste und Reaktionen sind verständlich, wenn man durch ihre Brillen blickt. Wahrnehmen, was ist, könnte hier bedeuten, zu sehen, dass beide etwas für ihre Beziehung zueinander tun: Lulu zeigt sich und spielt ihre Musik vor und Lena setzt viel Energie ein, um Freiraum zu schaffen. Die jeweils eigenen Filme im Kopfkino verhindern jedoch, dass man das Bemühen des anderen wahrnimmt und schätzt.

Im Laufe der Beratung konnten Lulus Vater und Lena Lulu verstehen und sie gleichzeitig beruhigen. Für Lena war das Kennenlernen von Lulus Sicht zudem eine große Bereicherung, da sie nun bei ihren Kindern gezielter auf deren Erleben achten konnte. Lena merkte auch, dass sie dem Nachmittag mit der Lieblingsmusik überhaupt keine Bedeutung beigemessen hatte, und erhält jetzt Anhaltspunkte für Lulus Welt.

Exkurs: Auseinandersetzung wagen statt Trennung riskieren!

Die Stiefmutter kommt als neues Elternteil zu einer getrennten Familie. Vielleicht ist sie selbst auch Teil einer Trennungsfamilie und vielleicht bringt sie auch Kinder mit in die Beziehung. Die Trennung ist also Voraussetzung für das neue Liebespaar. Gleichzeitig ist die neue Konstellation für alle, aber besonders für die Kinder, mit einer schwierigen Situation, manchmal mit einer Katastrophe, der Scheidung, verbunden. Daher ist es verständlich, dass bei den Erwachsenen der starke Wunsch vorherrscht, das Trennungskapitel zu beschließen. Viele Paare möchten sich nicht mehr mit der Vergangenheit beschäftigen, sondern nur nach vorne schauen und jetzt in der neuen Familie alles besser und schöner machen. Oftmals ist dann ein Familienprinzip des neuen Paares: »Wir alle für immer zusammen!«

Die Liebenden strengen sich sehr an, um keinen Unmut, keine Zwistigkeit und keinen Konflikt aufkommen zu lassen. Das geht eine Weile gut. Jeder denkt für den anderen mit, versucht, vorausschauend zu handeln, und unterdrückt Wut, Eifersucht, Neid, Traurigkeit, Ärger und weitere unangenehme Empfindungen. Oft bemühen sich auch die Kinder, dieses implizit aufgestellte Gebot der Eltern zu befolgen. Das geht so lange gut, bis es nicht mehr geht. Dann explodiert es! Alles Angestaute kommt mit einem Knall auf den Tisch, und meist ist die Wucht so groß, dass das Liebespaar und die ganze Familie auseinanderfliegt und sich wieder trennt!

Eine andere Möglichkeit, mit der Trennung zu leben, ist, die Erfahrung der Trennung für sich und seine Beziehungen zu nutzen. Dann folgt nicht aus Angst vor der Wiederholung der Trennungserfahrung wieder Trennung. Sondern man begibt sich bewusst in die Auseinandersetzung. Voraussetzung für diesen Prozess ist ein klarer, stabiler Beziehungsrahmen. Konflikte, Probleme, Baustellen, Vorwürfe, Schwierigkeiten und ungute Gefühle werden unter die Lupe genommen. Ebenso wird versucht, den Blick auf die Trennung zu verändern. Wo ist das Trennungsprinzip nützlich und hilfreich? Zum Beispiel kann man einzelne Konfliktsituationen voneinander trennen, sich von einem Konflikt trennen, das grundsätzliche Gefühl von der momentanen Situation trennen. Man geht nicht aus dem Kontakt, geht nicht aus dem Beziehungsrahmen hinaus, sondern setzt sich auseinander. Man bringt Luft, Distanz, Raum in dieses Kuddelmuddel, in den Wollknäuel, der einen nicht mehr klar sehen, fühlen und denken lässt. Der Rahmen hält einen. Aus-einander-setzung ist die produktive Form des Trennungsprinzips[5]:

Was ist das Problem für mich?

Was bedeutet es für mich?

Welche Lösungsmöglichkeiten gibt es?

Welche sind für mich machbar?

Was ist das Problem für dich?

Was bedeutet es für dich?

Welche Lösungsmöglichkeiten gibt es?

Welche sind für dich machbar?

Was ist das Problem in der Situation?

Was bedeutet es für die Situation?

Welche Lösungsmöglichkeiten gibt es jetzt?

Welche sind jetzt machbar?

In Beziehung Konflikte klären und Lösungen finden

Die Erziehungsberechtigung liegt für Stiefmütter nicht vor, aber Stiefmütter und Stiefkinder stehen in Beziehung. Und in diesem Beziehungsrahmen finden wie in jedem anderen Beziehungsrahmen Konflikte statt. Wie löst man diese?

Die folgenden vier Punkte dienen als Muster für ein mögliches Vorgehen; es muss natürlich der individuellen Situation angepasst werden. Es sollte jeweils erst weitergegangen werden, wenn der jeweilige Punkt vollständig beantwortet wurde.

1. Was ist das Problem?

Oftmals wird dieser Frage keinen Raum gegeben. Ohne zu wissen, was das eigentliche Problem für einen selbst und für den anderen ist, hört man den Vorwurf, fühlt sich angegriffen und schlägt verbal zurück. Ehe man es richtig begriffen hat, läuft automatisch ein bekanntes Schema ab und man findet sich im heftigsten Streit wieder.

Eine Klärung dieser Frage bedarf eines genauen Hinschauens und -spürens: Wie stellt sich das Problem dar? Was ist passiert? Wer ist beteiligt? Um welches Sach- oder Beziehungsthema geht es?

Im Falle von Jens, Jil und Matti wird Jils Problem zuerst gesehen. Sie kommt nicht mit Mattis Ablehnung, Ignoranz und Schroffheit ihr gegenüber klar. Die Situation ist so, seit Matti weiß, dass sie schwanger ist. Sie hat also Rücksicht auf Matti genommen und das Thema Schwangerschaft und Kind in seiner Gegenwart komplett vermieden. Dadurch fühlt sie sich in ihrer Schwangerschaft und überhaupt abgewertet und fühlt sich in ihrem eigenen Zuhause nicht mehr wohl. Außerdem wird sie zunehmend verzweifelter, weil sie Angst bekommt, dass die ganze Situation auch ihr Baby belasten könnte.

2. Welche Bedeutung hat das Problem?

Die Bedeutung eines Problems kann für jeden einzelnen unterschiedlich sein und ist meistens nicht direkt ersichtlich oder verständlich. Bei einem fiktiven Durchspielen einer Lösung oder den möglichen Konsequenzen einer verhinderten Lösung erfährt man aber oft mehr über das ganze Konfliktknäuel. Man kann das Problem klären, wenn man versteht, welche Eisen jeder im Feuer hat. Entscheidend ist hier auch wieder, die Situation aus jeder Perspektive zu betrachten, ohne die des anderen abzuwerten. Gelingt das, ist man der Klärung schon recht nahe.

Für Jil bedeutet Mattis Ablehnung eine Bedrohung ihrer Mutterentwicklung. In der alten Familienkonstellation, der Männerwirtschaft, wird sie geduldet, aber sie scheint kein Recht auf eine eigene Familie und eine eigene Entwicklung zu haben. Sie muss sich verstecken und am besten soll das Kind nicht auf die Welt kommen. Wenn keine Lösung gefunden wird, wird sie alles tun, um ihre Entwicklung und ihr Baby zu retten, zur Not auch Jens verlassen.

Diese Lösungsentwicklung ist aus kindlicher Sicht passend. Dann könnten Vater und Söhne das Männerteam wieder aufleben lassen und weitermachen wie bisher. Hier wird Mattis sehnlichster Wunsch nach dem Erhalt dieser Einheit deutlich. Diese sieht er durch ein neues Kind bedroht und er ist bereit, gegen diese Bedrohung mit vollem Einsatz zu kämpfen.

Für Jens bedeutet das Problem einen Grabenkrieg innerhalb der Familie, bei der er ständig die Seiten wechseln muss. Langfristig hält er das nicht aus und sieht seine Beziehung ebenfalls gefährdet. Das würde ihm das Herz brechen.

3. Wie kann man das Problem verändern? Was sind Lösungsvorschläge?

Vor dem Hintergrund der gesamten Motivlage ist es nun an der Zeit, zu überlegen, welche Lösungsmöglichkeiten es gibt und welche Ressourcen vorhanden sind. Dabei hilft oft ein Brainstorming, aber auch Gespräche mit Freunden, der Blick in den Ratgeber oder der Gang zum Experten.

Jils Impuls, Mattis ablehnendes Verhalten, das Türgeknalle und seine Beschimpfungen durch geeignete Erziehungsmaßnahmen zu unterbinden, gilt als ein Lösungsvorschlag. Ein weiterer Vorschlag eines Freundes war, dass Matti zumindest für die Zeit der Schwangerschaft nicht mehr kommt, sondern bei seiner Mutter bleibt. Oder Jil könnte für die Tage, wenn die Kinder kommen, ins Hotel ziehen oder sogar ganz in eine andere Wohnung ziehen. Oder Jens zieht sich von Matti zurück und macht ihm so klar, dass sein Verhalten untragbar ist. Oder Matti geht zum Therapeuten… Jeder Vorschlag wird zunächst einmal notiert.

4. Was ist für jeden Einzelnen machbar?

Die Lösungsmöglichkeiten aus dem Brainstorming werden dann überprüft. Dabei werden die persönlichen Fähigkeiten und Ressourcen eines jeden in den Mittelpunkt gesetzt. Hier ist es von enormer Wichtigkeit, dass jeder seine Energie, seine Fähigkeiten und seine Bedürfnisse klar im Blick behält und diese für sich und im Sinne einer Lösung einsetzt.

Jens und Jil wurde bei der Erstellung der Liste der Lösungsmöglichkeiten deutlich, dass all diese Vorschläge nicht wirklich passen. Einige würden zwar Jil helfen, aber Jens nicht, einige würden Matti helfen, aber nicht der gesamten Familiensituation.

Jetzt ist man beim entscheidenen Punkt angelangt: Was hat man jetzt davon? Es passt ja keine Lösung! Wo soll die denn jetzt noch herkommen?

An dieser Stelle wird deutlich, dass das eigentliche Problem noch nicht erkannt worden ist. Jil hatte in der problematischen Situation den größten Leidensdruck, vielleicht auch die meisten kommunikativen Fähigkeiten, ihr Problem zum Ausdruck zu bringen. Daher ist das auch der erste Ausgangspunkt für eine Klärung gewesen.

Diesen Part haben Stiefmütter oft, da sie ja diejenigen sind, die von außen in ein scheinbar funktionierendes Familiensystem kommen. Selbstverständlichkeiten und Mechanismen laufen in einer Familie ab, ohne dass sie auffallen, angesprochen werden oder problematisch für die Beteiligten sind. Erst wenn diese Familienkultur auf eine fremde stößt, wird die Logik sichtbar, werden blinde Flecken oder unproduktive Automatismen deutlich. Jetzt gibt es die Chance, sie auf eine bewusstere Ebene zu heben und auf den Prüfstand zu stellen. Was passt noch zu unserer Familienkonstellation, was möchten wir lieber anders gestalten? Hier bietet die Rolle der Stiefmutter Anstoß zur Überprüfung.

Also, was ist jetzt in der Familiensituation passiert? Es ist noch keine Lösung gefunden worden, und trotzdem fühlt es sich schon ganz anders an. Es ist ein individueller Beziehungsrahmen geschaffen worden, in dem nun weitere Zusammenhänge und Bedürfnisse sichtbar werden können. Die Runde fängt also von vorne an: Was ist das Problem? Jils Schwangerschaft? Neue Familienkonstellation? Matti fühlt sich nicht wohl, hat den Impuls, sich und die alte Einheit zu verteidigen.

Mattis Standpunkt ist nicht klar. Im Laufe des Prozesses wird deutlich, dass er den Standpunkt seiner Mutter mit seinem eigenen vermischt hat und aus Loyalität seiner Mutter gegenüber den neuen Familienprozess behindern will.

Seine Mutter ist also involviert und braucht daher einen eigenen Standpunkt, sodass Matti auch einen eigenen haben darf. Im Familienprozess wird daher bei der Familienkonferenz ein leerer Stuhl für die Mutter aufgestellt und ihr Standpunkt wird ebenfalls gehört.

Die Familie ist im Prozess – eine Lösung wäre gleichzeitig das Ende des Prozesses, tatsächlich fängt bei Jil, Jens und Matti die Familienentwicklung erst an und man kann davon ausgehen, dass noch viele Konflikte mit dem neuen Baby auf die Familie zukommen werden. Von daher ist es ein neues Muster, was erlernt werden muss. Statt einer Lösung und eines »Abhakens des Problems« wird es zur Selbstverständlichkeit, nach der letzten Frage wieder von vorne anzufangen.

Familienkonferenz[6]

Die Familienkonferenz ist ein Kommunikationsritual, das in Beziehungen einen produktiven Rahmen bietet, um sich kennenzulernen, um Konflikte und Probleme zu lösen, um sich auseinanderzusetzen.

Für die folgenden Ausführungen ist bitte besonders zu beachten: Hier wird eine generelle Form der Familienkonferenz geschildert. Sie soll als Inspiration für das eigene Ritual dienen. Ein eigenes, auf die eigene Familie abgestimmtes Ritual ist wirkungsvoller als ein pädagogisch wertvolles, das die individuellen Grenzen und Bedürfnisse nicht berücksichtigt.

Erlauben Sie es sich, auszuprobieren, kreativ zu sein und ihr eigenes Ritual zu entwickeln. Eignen Sie sich das Ritual an, indem Sie es individualisieren und auf Ihre Bedürfnisse und die Ihrer Familie abstimmen. Wo ist der geeignete Platz für dieses wichtige Familienritual? Wie können Sie die Kinder mit einbeziehen? (Zum Beispiel: Wer macht Kakao? Wer sorgt für notwendige Utensilien?) Man kann einen gemeinsamen Event anschließen (beispielsweise nach einer Familienkonferenz bestellen wir eine Familienpizza oder wir schauen einen Familienfilm). Wichtig ist, dass den Kindern und den Erwachsenen die Bedeutung der Familienkonferenz für die Familienbeziehungen bewusst wird. Sie hat den Status eines wichtigen Termins.

- Legen Sie einen Rhythmus und einen Zeitrahmen fest. Wenn die Kinder nur jedes zweite Wochenende da sind, kann es hilfreich sein, in einer Anfangszeit jedes Mal eine Familienkonferenz zu machen oder aber gerade zu Anfang langsam zu beginnen, also nur jedes zweite Mal. Was sagt ihr Gefühl? Je nach Alter und Geübtheit der Kinder ist ein Zeitrahmen von 30 bis 60 Minuten empfehlenswert. Vielleicht ist es gut, auch jede einzelne Redezeit festzulegen, zum Beispiel pro Person drei Minuten.
- Es wird nicht dazwischengesprochen, wenn einer spricht. Die Statements der anderen werden nicht kommentiert. Als Hilfe können Sie einen Redestift oder Ball nehmen, nur wer diesen in der Hand hält, darf sprechen.
- Zunächst ist der leibliche Elternteil, der Vater, Modera-

tor. Wenn die Stiefmutter auch Kinder hat, sollten die Eltern sich absprechen und gemeinsam überlegen, wer bei welchem Thema Moderator sein kann. Der Moderator erklärt die Regeln und achtet auf die Einhaltung. Es kann sinnvoll sein, die Aufgaben nach und nach auch auf die Kinder zu übertragen, so kommen sie mit in die Verantwortung: Wer macht ein Ergebnisprotokoll? Wer ist die Redepolizei? Zeitnehmer? Moderation?

- Der Vater und die Stiefmutter sind das Familien-Baumeisterpaar, das heißt, sie sind die Bestimmer und Entscheider. Die Familienkonferenz kann Infos von allen Familienmitgliedern einholen, die Verantwortung und die Entscheidungshoheit haben die Erwachsenen. So kann es sein, dass deutlich wird, dass die Kinder ans Meer wollen, die Stiefmutter in die Berge und der Vater eigentlich nur will, dass die anderen glücklich sind. In der Familienkonferenz könnte ausgelotet werden, wer was braucht, um an das jeweilige andere Ziel zu fahren. Es würde deutlich werden, wie wichtig es dem einen und der anderen ist und was eventuell noch andere Gründe sind (am Meer gibt es das tolle Hotel mit dem Superpool – gibt es auch ein tolles Hotel mit Pool in den Bergen?). Das Baumeisterpaar entscheidet nach Abschluss der Konferenz und muss eventuell Enttäuschungen verantworten.

- Die erste Runde: Jeder sagt, wie es ihm geht. Vielleicht gibt es einen aktuellen Anlass oder man bezieht sich generell auf die Familiensituation.

- Dabei fangen die Erwachsenen an. Seien Sie sich bewusst, dass Sie Vorbild sind. Kinder lernen zu 90 Prozent durch Nachahmung. Versuchen Sie, so ehrlich wie möglich zu schildern, wie es in Ihnen aussieht, denn dadurch geben Sie Ihren Kindern ebenfalls die Erlaubnis, dieses zeigen zu dürfen. Wenn man Angst hat oder unsicher ist, findet man vielleicht nicht die passenden Worte, vielleicht auch gar keine. Seien Sie sicher, ihre (Stief-)Kinder verstehen Sie trotzdem.

- Bleiben Sie beim Erzählen nur bei sich. Manchmal kann es helfen, die Sätze mit »Ich« anzufangen, dann ist die Gefahr geringer, dass Sie Vorwürfe machen oder den anderen sagen, was sie hätten tun sollen oder tun müssten. Reden Sie davon, wie es Ihnen geht, wie es sich in Ihnen anfühlt.

- Nehmen Sie sich die volle vorher eingeplante Zeit für diese Runde, lassen Sie jedem, auch wenn er viel schneller ist, die Zeit, die ihm zusteht. Wenn das Kind zum Beispiel nichts zu sagen hat oder nichts sagen will, können Sie betonen, dass ihm diese Zeit jederzeit zusteht. Es ist seine Zeit, auch wenn es diese noch nicht in der vorgegebenen Form zu nutzen weiß, gehört sie ihm. Verständnisfragen sind im Anschluss erlaubt.

- Die zweite Runde: Nun liegen wahrscheinlich Probleme und Konflikte auf dem Tisch. Jemand fühlt sich unwohl, einer hat Angst, ein anderer ist wütend und noch einer geht voll in Widerstand. Greifen Sie diese Punkte als Tagesordnungspunkte auf und überlegen Sie, wie Sie damit umgehen. Jedes Problem, jede Angst sollte ernst genommen werden. Es wird sinnbildlich auf den Tisch gelegt und gefragt: Was machen wir damit?

Vorschläge können nun von allen genannt werden. Oftmals ist ein Teil der Probleme dann schnell erledigt. Manche brauchen länger oder erfordern eventuell eine neue Familienkonferenz zu einem neuen Zeitpunkt. Scheuen Sie sich nicht, Fragen auch mal offen zu lassen. Sie wirken trotzdem oder gerade weil sie noch offen sind.

Edith und Ralf bekommen Nachwuchs. Ihr Haus sieht im Moment so aus, dass die obere Etage mit zwei Zimmern von Ralfs Tochter Emelie, 13, bewohnt wird und in der zweiten Etage das Elternschlafzimmer und das Zimmer von Ediths Sohn, Johann, 5, ist. Das Babyzimmer sollte am besten auf der gleichen Etage wie das Elternschlafzimmer sein. Ediths Vorstellung war, dass Emelie ein Zimmer an Johann abgibt. Im neuen Anbau gibt es noch ein Spielzimmer, allerdings ist Edith die Entfernung zu groß, als dass sie Johann da schlafen lassen wollte. Emelie stellt sich stur. Sie will ihre Etage nicht aufgeben.

Das Ritual der Familienkonferenz brachte die Familie in den Prozess. Es wurde deutlich, wie wichtig der Raum und die zwei Zimmer für Emelie sind, und an dieser Raumfrage traten auch grundlegende Beziehungsschwierigkeiten zutage. Nach mehreren Lösungsüberlegungen, die aber entweder für den einen oder die andere nicht realisierbar waren, kam Johann auf die Idee, das Spielzimmer für sich zu beanspruchen und abends seine Matratze in das Zimmer seiner Wahl zu legen, mal bei Emelie, mal bei den Eltern und vielleicht sogar auch mal bei dem Baby. Dieser Vorschlag wurde zunächst als unrealistisch von den Eltern abgetan, da ein Junge doch ein eigenes Zimmer braucht. Johann bestand jedoch darauf und auch Emelie öffnete ihre Zimmer für Johanns Matratze. Nach längerer Bedenkzeit und Überprüfung der möglichen Schäden für Johann einigten sie sich darauf, dieses Provisorium für zunächst drei Monate als Lösung anzunehmen. Zeit, um sich zu entspannen und für die Familie, sich ohne Druck zu entwickeln.

Ein solcher Familienprozess bedeutet für die ganze Familie Entwicklung und persönliches Wachstum. Für Kinder ist diese Beziehungsarbeit Erziehung in mehrfacher Hinsicht: Sie lernen, ihre Interessen und Bedürfnisse auszudrücken, sich für sich einzusetzen und für sich zu sorgen. Sie lernen, die Bedürfnisse der anderen wahr- und ernst zu nehmen und sich in andere hineinzuversetzen. Sie lernen, sich respektvoll auseinanderzusetzen und produktive Lösungen zu finden. Sie lernen, Bindungen einzugehen und verantwortungsvoll Beziehung zu leben.

Das lernen sie alles auch von und mit Stiefmüttern ohne Erziehungsberechtigung.

Kapitel 4

Der Umgang mit Wut, Lügen und kindlicher Tyrannei

Kinder legen manchmal Verhaltensweisen an den Tag, die die Erwachsenen nicht verstehen oder die sie aufmerksam werden lassen. Kinder sind wütend, hyperaktiv, zornig, unverschämt und dreist. Sie lügen und verschließen sich, träumen vor sich hin oder erscheinen traurig und depressiv. Andere sind eventuell scheu und sehr pflegeleicht oder entwickeln Ängste und trauen sich nicht, Stellung zu beziehen. Manchmal tyrannisieren Kinder die Erwachsenen, dann bestehen sie auf Gerechtigkeit, mal sind sie stur und bockig, mal klammern sie sich so sehr an eine erwachsene Person, dass es »nicht normal« erscheint.

Was ist da los? Was wollen sie zum Ausdruck bringen? Womit haben sie Schwierigkeiten? Wohin soll die Reise gehen? Was kann man tun? Über die Situation von Kindern in Trennungssituationen gibt es gute Ratgeber für Eltern.[7] Die Symptome, die Kinder zeigen, und Strategien, die sie einsetzen, werden beleuchtet und analysiert und es gibt hilfreiche Denkansätze und Tipps für den produktiven Umgang damit.

Was bedeuten diese Strategien der Kinder aber für Stiefmütter? Welchen Blick hat die Stiefmutter auf ihre Stiefkinder und welche Bedeutung haben die kindlichen Verhaltensweisen für die Stiefmutter und für die neue Patchworkfamilie insgesamt?

Fragen und Klagen von Stiefmüttern und ihren Partnern sind zum Beispiel:

»Die Tochter meines Mannes ist 10 und wirklich nicht normal. Sie ist sehr in sich zurückgezogen. Sie ist bestrebt, keine Probleme zu machen, sitzt oft in ihrem Zimmer und bei Fragen guckt sie immer ihren Vater an. Von sich aus will sie nie etwas. Sie bricht in Tränen aus, wenn etwas nicht gelingt, wie es gewünscht war. Jetzt wird es problematisch, weil sie dick wird. Sie steht sich selbst im Weg. Ich mache mir wirklich Sorgen um sie.«

»Ich werde verrückt. Die Kinder meines Freundes sind Tyrannen. Sie bestimmen mein Leben und erst recht das ihres Vaters. Wenn sie sagen, ich soll nicht zum Essen kommen, dann ruft mein Freund mich an und sucht nach guten Entschuldigungen, weshalb ich nicht kommen soll. Wenn wir an einem Papa-Wochenende einen Abend zu zweit geplant haben, kann man fast davon ausgehen, dass eine seiner Töchter Bauchschmerzen oder etwas anderes bekommt, weshalb wir dann nicht loskönnen. Das halte ich nicht länger aus!«

»Was bedeutet es, wenn ein 8-Jähriger heftige Wutausbrü-

che wegen absoluter Kleinigkeiten hat? Ob er seine Schuhe in den Schuhschrank räumen soll und es nicht will oder er beim Mastermind mehr Versuche braucht als ich, es ist ein Tobsuchtsanfall, den man mit der eigentlichen Situation nicht erklären kann. Hängt das mit der Familiensituation zusammen?«

»Ich war froh, als ich mit 15 nicht mehr mit meinen Eltern in den Urlaub fahren musste und endlich meinen eigenen Weg gehen konnte. Jetzt ist der Sohn meines Partners 16, ist nie verabredet, will immer bei uns sein und an einen Urlaub ohne ihn ist nicht zu denken. Oft sitzt er abends mit seinem Vater kuschelig vor dem Fernseher und umklammert ihn regelrecht. Dabei dachte ich, wir hätten die schwierige Zeit mit den Kindern langsam hinter uns und könnten jetzt anfangen, unsere Zweisamkeit zu genießen. Ist das noch normal?«

Selbstfürsorge statt Selbstdisziplin: Geht's mir gut, geht's allen besser!

Ausgangspunkt in der Beratung von Stiefmüttern in meiner Praxis ist oft das Verhalten der Kinder, das Stiefmüttern Herzschmerz und Kopfzerbrechen bereitet. Oft wird zwar die Not der Kinder gesehen und viele Stiefmütter treten ja gerade deshalb mit viel Engagement und Fürsorge den Kindern gegenüber. Gleichzeitig fühlen sie sich aber von den Kindern abgelehnt, gemobbt oder ignoriert.

Nadine und Rolf hatten ein sehr schönes Wochenende mit Chiara, 4. Alle sind glücklich und zufrieden nach dem tollen Ausflug wieder zu Hause angekommen. In einer Viertelstunde soll Chiara von ihrer Mutter abgeholt werden. Sie räumen alle ihre Sachen zusammen und laufen dabei durch die ganze Wohnung. Plötzlich bleibt Chiara vor einer Reihe Fotos stehen, die im Arbeitszimmer nebeneinanderhängen. Auf einem ist Chiara mit ihrem Vater, in der Mitte hängt ein Foto mit Nadine und Rolf und daneben eins mit allen dreien. Chiara reißt das Bild mit Nadine und Rolf von der Wand und schmeißt es auf den Boden. »Das soll hier nicht hängen!« Dann nimmt sie auch das Bild, auf dem alle drei zu sehen sind, ab und wirft es zu Boden. Nadine kommt und ist geschockt und schimpft. Chiara tritt sie vors Schienbein und schreit: »Du sollst hier nicht wohnen! Die Wohnung ist blöd und du auch!« Rolf kommt und nimmt Chiara auf den Arm. Er beruhigt sie und hält sie fest im Arm. Fünf Minuten später klingelt es an der Tür.

Nadine ist immer noch im Schock. Rolf kommt, nachdem Chiara weg ist, auf sie zu und sagt: »Mensch, die Arme, ich dachte, sie hätte die Trennung schon besser verarbeitet!« Nadine merkt, wie ihr das Blut in den Kopf schießt. Sie hält es nicht mehr aus. Sie nimmt ihre Jacke, rennt raus und knallt die Wohnungstür.

Die eigene Betroffenheit und Kränkung findet neben dem Leid der Kinder häufig kaum Beachtung – sogar bei den Stiefmüttern selbst nicht. Schnell sind Floskeln zur Hand: »Ich bin erwachsen, also kann ich damit umgehen!«, »Was ist denn schon passiert? Stell dich nicht so an!«, »Sei nicht so empfindlich!«, »Ich wusste doch, worauf ich mich eingelassen habe, also: kein Jammern jetzt!«, »Es sind doch nur Kinder! Faust in der Tasche und weiterlächeln!«

So war es auch bei Nadine, und sie hat es probiert, schon die ganzen Tage und Wochenenden vorher. Sie hat alle Bemerkungen überhört. Sie hat es einfach zugelassen, wenn Chiara sich zwischen die beiden gedrängt hat, und sie hat immer freundlich gelächelt, wenn sich Chiara auf Rolfs Schoß setzte, auch wenn sie gerade mal zwei Minuten ein Gespräch begonnen hatten. Aber jetzt war es zu viel, es hat nicht mehr funktioniert. Innerlich ist sie explodiert. Der Tritt tat so weh, obwohl Chiara süße, kleine Füßchen hat. Dieses Kind hat das schönste Foto ihrer Liebe heruntergeschmissen. Sie fühlt sich so alleingelassen, niemand sieht ihren Schmerz. Rolf bedeutet das Foto anscheinend nichts. Immer nur Verständnis für Chiara. Sie weiß nicht, ob sie überhaupt noch zurück kann und will.

Je mehr man sich selbst kritisch zur Ordnung ruft, sich selbst diszipliniert und ja auch oft vom Partner dazu aufgefordert wird, die Ordnung beizubehalten, umso diffuser und umfassender wird das Unbehagen in einem selbst und in der Patchworkfamilie. Und dann genügt manchmal nur eine alltägliche Kleinigkeit, die als Zünder funktioniert, und schon explodiert die große diffuse Masse.

Die kleinen Kränkungen und Verletzungen sind nicht ernst genommen worden und haben keine Heilbehandlung erfahren. »Es dürfte einem nichts ausmachen, man sollte Verständnis haben, man müsste darüber hinwegsehen!« Die Seele funktioniert aber nicht so und hört nicht auf »müsste, sollte, dürfte«. Die Kränkung ist da, eine Verletzung hat stattgefunden, ob gewollt oder nicht, und natürlich braucht es zumindest ein Pflaster.

Nur, wer ist verantwortlich für die Pflasterverteilung? Die Erwachsenen, nicht die Kinder. Meistens sogar die Stiefmütter selbst. Also ist der erste Schritt, die eigenen Verletzungen wahrzunehmen und eigenverantwortlich zu versorgen.

Monika und Christian sitzen zusammen mit Philipp, 7, im Park auf einer Picknickdecke. Philipp hängt die ganze Zeit an seinem Vater, lässt nicht von ihm ab und will am liebsten die ganze Zeit mit ihm Fußball spielen. Monika hat großes Verständnis und nimmt sich sehr zurück. Nach einer einstündigen Kickpartie kommt Christian zu Monika auf die Decke und setzt sich zu ihr. Sofort kommt auch Philipp und quetscht sich zwischen sie. Er nimmt Christians Hand von Monikas und legt sie sich aufs Knie. Monika merkt, wie dieses Verhalten ihr langsam zu viel wird. Sie fängt an, ihren Unmut kundzutun. Sie setzt sich auf und quengelt: »Ich habe jetzt keine Lust mehr zu lesen und euch zuzugucken. Jetzt will ich gerne mal einen Moment Aufmerksamkeit haben, vielleicht sogar auch einen Kuss? Wie können wir das hinkriegen? Was wollt ihr am liebsten?« Christian guckt auf Philipp und sieht sein betrübtes Gesicht. »Ich will mit euch ein Eis essen gehen!«, Philipp guckt hoch: »Au ja, ich auch!« Monika fühlt sich mit ihrem Wunsch übergangen, die beiden sind schon fast im Aufbruch. Monika bleibt sitzen und sagt noch einmal: »Hallo! Was machen wir mit dem Mädel, das jetzt die ganze Zeit gewartet und euch beiden zugeguckt hat? Das ist gerade echt unzufrieden und hat Angst, dass es nicht mehr wichtig ist! Es wird immer trauriger und kleiner. Habt ihr 'ne Idee?« Christian guckt etwas hilflos und befürchtet schon eine Eskalation. Da sagt Philipp: »Kann ich dann solange auf deinem Handy spielen?«

Intuitiv hat Monika hier ihren mütterlichen Part auf sich selbst gelenkt und ihre Bedürfnisse so klar gemacht, dass jeder das unzufriedene Mädchen sehen und verstehen konnte. Dadurch, dass sie es so deutlich hat werden lassen, konnten Christian und sogar Philipp es wahrnehmen und mit ihr über eine Lösung nachdenken.

Vielleicht klappt das nicht sofort und in jeder Situation. Umso wichtiger ist es, damit anzufangen und es einzuüben. Es ist auch wirklich schwierig und oftmals nicht gelernt worden, die eigenen Bedürfnisse wahr- und ernst zu nehmen und entsprechend zu formulieren. Vielleicht lautete das eigene Familienprinzip »Nie zuerst sich selbst beachten, erst die anderen versorgen!« Häufig ist der kritische, selbstdisziplinierende Blick dominant, der liebevolle Blick auf einen selbst dagegen, das Erkennen der eigenen Verletzlichkeit und Kleinheit nicht erlaubt. Schließlich ist man eine erwachsene und vernünftige Frau. Dabei verhindert der innere Ruf zur Ordnung eine Wahrnehmung des eigenen Erlebens und eine entsprechende Selbstversorgung.

Stiefkinder bieten Stiefmüttern hinsichtlich Selbstwahrnehmung und -fürsorge einen jahrelangen Coachingprozess.

»Geht's mir gut, geht's allen gut!«: Philipps Verhalten ist natürlich damit nicht verschwunden und auch nicht weniger konfliktreich, aber die Stimmung ist besser und er hat eine hilfreiche Bezugsperson mehr an seiner Seite. Denn der selbstbezogene, kritische Blick und innere Ruf zur Ordnung überlagert auch die Hilferufe des Kindes.

Im Beispiel klammert Philipp, weil er Verlustängste hat. Er ist sich nicht sicher, ob Christian ihn noch genauso liebt und genauso oft sehen will wie vor der Trennung von seiner Mutter. Und jetzt hat der Vater eine neue Frau. Kommt jetzt auch ein neues Kind? Diesen Konflikt müssen Vater und Sohn miteinander klären. Dadurch, dass Monika gut für sich gesorgt hat und den Blick nun frei hat, kann sie Philipps Not sehen und wohlwollend auf ihn einwirken. Vielleicht kann sie ihn sogar unterstützen, auch seinen sicheren Rahmen mit seinem Vater zu bekommen: Ihre Selbstfürsorge kann sehr hilfreich für Philipp sein. Sie ist Vorbild. Sie war in einer ähnlichen Situation wie Philipp, weil sie sich in diesem Moment auch nicht mehr sicher gefühlt hat. Sie hat ihre Unsicherheit deutlich gemacht und um Hilfe gebeten. Hoffentlich guckt Philipp sich das ab.

Gilt die Wut der Kinder eigentlich immer der Stiefmutter?

Die Stiefmutter ist also in erster Linie verantwortlich, ihre eigenen Bedürfnisse wahrzunehmen und zu artikulieren. Werden diese von ihr nicht wahr- und ernst genommen, ist die Gefahr groß, dass sie unbewusst in Konkurrenz zum Kind geht und sich gegen das Kind positioniert. Oft sind schwierige Situationen mit Stiefkindern geprägt von dem Gefühl: »Das Kind mag mich nicht, deshalb tut es alles, was es kann, um uns auseinanderzubringen!« Die Stiefmutter nimmt also das Verhalten des Stiefkindes persönlich und bezieht es auf sich. Dadurch besteht die Gefahr, dass sie die Bedeutung der Verhaltensweisen des Kindes in Bezug auf seine spezifischen Konflikte in der Familiensituation nicht versteht und sie zu schnell mit ihren eigenen Konflikten in Zusammenhang bringt.

Bei Karsten, 7, kamen die Wutanfälle vor, wenn er mit seinem Vater alleine war. Seit dieser mit Katrin zusammenwohnte, geschahen sie auch zunehmend, wenn sie dabei war. Wie aus heiterem Himmel rastete Karsten dann aus. Wenn ihm etwas nicht gelang oder etwas nicht nach seinem Willen ging, egal wer sonst noch dabei war, ob seine Freunde oder Verwandte. Oft endete die Situation damit, dass Karsten in sein Zimmer lief, die Tür hinter sich zuwarf und für Stunden nicht mehr herauskam.

Katrin hatte ihre Schwester mit Familie eingeladen und bat Karsten, ihr zu helfen, das Spielzimmer aufzuräumen, da dort ihre Nichten schlafen sollten. Im gemeinsamen Tun rastete Karsten aus, weil Katrin seine Legobauten einfach in die Kiste tat. Er schrie und schimpfte auf die Nichten und warf mit Lego um sich. Katrin fand, dass das eine Unverschämtheit war, und schrie ihn an. Sie ging drohend aus dem Zimmer und knallte die Tür zu. Dann war Ruhe. Tim, Karstens Vater war nicht zu Hause, Katrin rief ihn aufgelöst an und als Tim kam, ging er, ohne erst mal nach Katrin zu gucken, direkt in Karstens Zimmer. Katrin stand hilf- und fassungslos im Flur. »Dieser hyperaktive, verhaltensgestörte Rotzbengel« stand auf einmal zwischen ihr und ihrem Geliebten. Sie war stinksauer auf Karsten, sie wusste doch, dass er sie nicht mochte. Sie war auch sauer auf Tim. Abends stritt sie sich heftig mit Tim, der seinen Sohn ständig verteidigte. Und mit Karsten sprach sie erst mal kein Wort mehr. Sie entschloss sich, alleine zu ihrer Schwester und den Nichten zu fahren. Den Rest des

Wochenendes verbrachten Tim und Karsten also zu zweit, ohne sie. Karsten genoss die Zweisamkeit sehr.

Katrin fühlte sich durch Karstens Wutwucht und die entsprechende Verteidigung von Tim regelrecht rausgeschmissen. Sie sah für sich keine andere Möglichkeit mehr, als sich zurückzuziehen und die beiden alleine zu lassen. Mit ihrer Schwester und ihren Nichten hatte sie schöne Tage und sie ließ es sich gut gehen. Mit zwei Paar neuen Schuhen, einem Kleid und drei neuen T-Shirts kam sie Sonntagabend, als Karsten längst wieder bei seiner Mutter war, nach Hause. Sie hat zwar für sich gesorgt, aber es fühlt sich trotzdem nicht wirklich gut an und ihre Beziehung steht wieder einmal auf Messers Schneide.

Was war geschehen? – Karstens Wut, die ursprünglich auf den Vater gerichtet war, ist bei der Stiefmutter gelandet. Die Stiefmutter nimmt die Wut auf und richtet sie gegen sich selbst. Die Beziehung zwischen Vater und Sohn ist auf einmal befreit von Wut.

Im Beratungsprozess wird Katrins Erleben genauer angeschaut und vertieft. Sie ist hilflos, unzufrieden und sogar verzweifelt. Sie hat das Gefühl, Tim ist ihr Mann fürs Leben, und jedes Mal finden solche Katastrophen wegen Karsten statt. Sie mag dieses Kind nicht und er sie auch nicht.

Sie fühlt sich ausgeschlossen, rausgeschmissen und zu Unrecht attackiert. Sie kann auf so einen Angriff nur mit

Rückzug reagieren. Kränkend war noch zusätzlich, dass die beiden oder wenigstens Tim sich nicht um sie bemüht haben. Im Gegenteil, sie hatte das Gefühl, die beiden waren froh, jetzt endlich ihre Ruhe zu haben und ungestört das Wochenende verbringen zu können. Sie fühlt sich von Karsten, aber auch besonders von Tim ungerecht behandelt.

Wie hätte sie behandelt werden wollen? Was hätte sie in dieser Situation gebraucht? Warum kann sie nicht dafür sorgen, dass ihre Wunden gesehen werden? Wie sehen ihre Wunden aus? Was tat weh? Wie fühlt es sich an, angeschrien zu werden? Woher kennt sie dieses Gefühl? Wie ist sie früher damit umgegangen?

Wut hat eine enorme Kraft und meist zum Ziel, etwas zum Erschüttern zu bringen, etwas klarzustellen oder zurecht-zurücken.

Im Beispiel ist die Wut bei Katrin angekommen, die nicht ursprünglich Ziel war. Der Vater-Sohn-Konflikt ist dadurch von der Sprengkraft verschont geblieben. Karsten konnte ein inniges Wochenende mit seinem Vater verbrin-gen. Seine ambivalenten Gefühle gegenüber seinem Vater jedoch bestehen weiterhin. Seit der Trennung spürt Karsten dieses hochexplosive Gefühlswirrwarr in sich. Er vermisst seinen Vater sehr, er ist traurig und fühlt sich allein, auch wenn er mit Mama zusammen ist. Er sehnt sich nach ihm, nach seinen Witzen, seinen starken Armen und auch nach seiner tiefen, strengen Stimme. Gleichzeitig ist er wütend. Mama tut ihm leid, er hilft ihr, so gut er kann. Wenn er mit seinen Freunden Fußball spielt und laut ist, ist es Mama oft zu viel und ihr geht es nicht gut. Also ist er nicht laut und schon gar nicht wütend. Wenn er Papa sieht, kommt manchmal alles auf einmal hoch, die Wut und die Sehnsucht. Die Wut kommt automatisch, er will sie nicht, aber dann kommt sie doch und macht alles kaputt, dann ist Papa böse und er kann nicht innig mit ihm sein. Wenn er wütend auf Katrin ist, wie dieses Wochenende, verteidigt Papa ihn und er kann in seine Arme. Es tut ihm dann leid, dass Katrin sauer ist, aber eigentlich ist es für ihn eine ganz gelungene Lösung: Katrin kriegt seine Wut ab, Papa seine Innigkeit und Liebe.

Dadurch dass Katrin Karstens Wut annimmt, unterstützt sie unbewusst seine kindliche Strategie. Karsten lernt nicht, respektvoll mit sich und anderen umzugehen, und er realisiert nicht, dass diese Strategie keine dauerhafte Lösung ist, mit seinen ambivalenten Gefühlen umzugehen. Hilfreicher wäre es, die Wut bei Karsten zu lassen und mit ihm gemeinsam zu überlegen und zu philosophieren, wie man mit Wut umgehen kann. Alleine kommt er gerade nicht weiter!

Jemanden »stiefmütterlich« behandeln bekommt also eine völlig neue, positive Bedeutung, wenn die Stiefmutter nicht direkt auf die Wut reagiert, sondern es sich erlaubt, erst ihr eigenes Erleben zu erkunden. Damit schafft sie sich eine beobachtende Position zu den Geschehnissen in der Patchworkfamilie; und aus dieser produktiven Distanz kann sie eine andere Sicht und ein anderes Bewusstsein in die Situation bringen, die auch dem Rest der Familie guttun.

Wie die Stiefmutter eine produktive Distanz zum Familiengeschehen entwickeln kann

Der Umgang der Stiefmutter mit einem lügenden Kind

Marie, Stiefmutter von Svenja, 11, bittet um einen dringenden Notfalltermin für eine Beratung. Am Wochenende ist für sie eine Welt zusammengebrochen. Sie versteht sich eigentlich gut mit Svenja, sie haben gleiche Interessen und denselben Humor und machen viel zusammen, und das richtig gerne. So glaubte Marie zumindest bis gestern. Am Sonntag war Svenja mit ihrem Vater alleine ein Eis essen, als Svenjas Handy klingelte. Es lag auf dem Sofa, Svenja hatte es zu Hause liegen gelassen. Marie ging nicht ran, konnte es aber nicht lassen, später doch draufzugucken, wer angerufen hatte. Es war Svenjas Mutter. Sie weiß nicht mehr, warum sie es getan hat, aber sie öffnete den SMS-Chat von der Mutter und Svenja. Und traute ihren Augen nicht, als sie die letzte SMS vom Vorabend las. Svenja schrieb: »Hier ist es super langweilig. Die blöde Tante von Papa kocht schrecklich und ihretwegen müssen wir diese Schnulze im TV gucken. Ich wär am liebsten bei dir! Freue mich auf morgen. Deine Svenja. I love you.« Marie versteht die Welt nicht mehr, steht unter Schock. Ohne diese SMS wäre die Welt total in Ordnung und jetzt steht alles Kopf. Sie wollte Svenja nicht darauf ansprechen, weil es natürlich nicht in Ordnung ist, in ihr Handy zu schauen, aber was soll das? Sie fühlt sich betrogen und belogen. Was ist denn jetzt wahr?

Als Svenja mit ihrem Vater nach Hause kommt, hat Marie sehr damit zu kämpfen, sich nichts anmerken zu lassen. Gott sei Dank war schon vorher abgemacht, dass ihr Vater sie am Nachmittag alleine nach Hause bringt. Marie ist wie gelähmt, sie erzählt, dass sie sich krank fühlt, und legt sich ins Bett, da sie einen innigen Abschied wie sonst nicht mehr schaffen würde.

Marie ist verletzt, traurig und wütend zugleich. Sie dachte, sie wäre mit Svenja auf einem sehr guten Weg, und jetzt? Was will Svenja? Sie stellt die schöne Zeit mit Svenja infrage, aber auch ihre Wahrnehmung. Hat sie etwas nicht mitbekommen? Wie konnte sie sich so täuschen lassen? Es folgt ein langer Abend mit ihrem Partner, der auch entsetzt ist, aber natürlich Svenja verteidigt und es nicht richtig findet, dass Marie überhaupt aufs Handy geschaut hat.

In der Beratung wird das ganze Erlebnis wie in Zeitlupe noch einmal betrachtet und die einzelnen Gefühle und Bedürfnisse voneinander getrennt. Ausgangspunkt ist die Kränkung, die Marie erlitten hat. Es wird deutlich, dass die eigene Kränkung und Verletztheit sich vor alles andere schiebt und den Blick auf alles andere versperrt. Also ist es für den weiteren Prozess wichtig, dass hier begonnen wird, damit sie sich an erster Stelle selbst versteht und für sich sorgen kann. Drei Schritte sind hier hilfreich:

1. Schritt: Raum schaffen für das eigene Erleben

Wut, Traurigkeit, Enttäuschung – daran merkt Marie, dass etwas arg schiefgelaufen ist. Sie fühlt sich hintergangen, nicht ernst genommen. Es fühlt sich fast so an wie früher, als ihre große Schwester ihr versprochen hat, dass sie sich einen schönen Nachmittag am See machen wollten und sie doch mitkommen solle. Sie war stolz wie Oskar, hat extra noch einen Kuchen für die Schwester und ihre Freundin gebacken. Doch als sie da waren, war ihre Schwester schnippisch und gemein wie immer. Sie hätte keine Erlaubnis von der Mutter bekommen, wenn sie sie nicht mitgenommen hätte, und jetzt musste sie die ganze Zeit alleine neben ihrer Schwester und ihrer Freundin auf der Decke bleiben und hören, wie sie kicherten und Spaß haben. Bei dieser Erinnerung kommen ihr die Tränen. Damals fühlte sie sich klein und dumm, dass sie das nicht vorher gecheckt hatte, dass sie darauf reingefallen ist. Sie dachte, heute wäre sie klüger. Sie will nicht als Mittel zum Zweck herhalten. Früher nicht und heute erst recht nicht!

2. Schritt: Auf die Situation des Kindes blicken

Auch wenn sie nicht weiß, wie sie mit ihrer Kränkung umgehen soll, die Verletzung klar zu betrachten und zu verstehen, was ihr wehtut, hebt den diffusen Schleier. Marie kann jetzt sehen, dass es mit Svenja eine andere Situation als früher mit ihrer Schwester ist. Sie kann Svenja sehen, die ein sehr aufmerksames und fürsorgliches Mädchen ist, die es allen recht machen will. Sie hat sehr unter der Trennung gelitten und ihrer Mutter geht es eigentlich bisher noch nicht wieder richtig gut. Marie hat immer das Gefühl, dass Svenja sehr viel mehr für ihre Mutter sorgen muss als umgekehrt. Und ohne dieses Handyerlebnis, wenn Marie sich nur auf ihr Gefühl verlassen würde, wäre sie absolut sicher, dass Svenja und sie eine gute Beziehung zueinander haben. Anders als es bei ihr und ihrer Schwester gewesen war. Marie kann Svenjas Not sehen und die Notwendigkeit, ihren inneren Konflikt lösen zu müssen. Schließlich will Svenja, während sie bei Marie und ihrem Vater ist und die Zeit zweifellos genießt, trotzdem sichergehen, dass es ihrer Mutter gut geht und diese sich gut mit ihr verbunden fühlt. Das hat sie durch die Lügen geschafft.

3. Schritt: Die Strategie des Kindes einordnen

Jetzt wird der Blick zunehmend frei für die Strategie, für das Lügen. Marie fällt auf, dass sie auch oft lügt, zum Beispiel, wenn sie in der Mittagspause keine Lust auf ein Essen mit ihrer Kollegin hat, sagt sie immer, sie habe einen Termin, und geht alleine in ein anderes Café. Oder wenn ihre Mutter kommen will und es ihr zu stressig wird mit allem, dann sagt sie immer, sie bekommt Migräne. Da hat ihre Mutter größtes Verständnis. Marie macht sich die Vorteile dieser Strategie bewusst, spürt jetzt gerade aber auch sehr gut die Nachteile. Ist Lügen also immer zu verurteilen? Hier wird deutlich, dass es eine philosophische wertfreie Perspektive auf die Strategie gibt, die wohltuend ist. Sie ist unabhängig von ihr und Svenja und macht den Horizont weit. Marie hat das Gefühl, wieder durchatmen zu können. Aber sie will nicht mit Lügen leben, sie will wissen, woran sie ist.

Wie geht's nun weiter? Wenn Marie sich auf ihr Gefühl verlässt, geht es ihr gut. Und eigentlich hat sie immer ein klares Gefühl. Also lässt sie die Unsicherheiten, die durch das Handyerlebnis entstanden sind, erst einmal im Zusammenhang mit Svenjas Strategie stehen. Und darüber will sie mit ihrem Partner und mit Svenja reden. Sie möchte eher mit Konflikten und Schwierigkeiten konfrontiert werden als mit Lügen. Wie müsste ihre Beziehung also aussehen, dass sie sich die Wahrheit sagen können? Vielleicht können sie zunächst zu dritt darüber philosophieren, aber auf jeden Fall will sie ihr auch ihren Teil des Erlebnisses erzählen und ihren Eingriff in Svenjas Privatsphäre nicht verschweigen oder verleugnen.

Für sich sorgen bedeutet, für die Familie sorgen

Der Umgang der Stiefmutter mit »kleinen Tyrannen«

Die Stiefmutter kommt als Neue zu einer bereits selbstverständlichen und eingespielten Familieneinheit. Muster und Automatismen fallen erst auf, wenn sie auf Unmut, Staunen oder Unverständnis der Stiefmutter stoßen (siehe Kapitel 3, 2. Phase: Positionsgerangel und Machtkämpfe). Verfügt die Stiefmutter über eine gute Fähigkeit der Selbstwahrnehmung, spürt sie also ihren Unmut, ihren Ärger oder ihre Angst, ohne sie zwangsläufig als Reaktion auf ihr Verhalten oder ihre Persönlichkeit zu beziehen, entstehen in ihr Fragen, zum Beispiel: Wieso bin ich jetzt ärgerlich? Was macht mir gerade Angst? Wieso fühle ich mich ausgeschlossen, obwohl wir doch bis gerade einen tollen Tag hatten? Was passiert hier gerade? Was ist los?

Diese Fragen können der entscheidende Anstoß sein, die Familienmechanismen aufzudecken und sie für alle explizit zu machen.

Susi und Frank leben seit zwei Jahren zusammen, seit einem halben Jahr wohnt Franks Sohn Leon, 17, bei ihnen. Leon kam bis dahin jedes zweite Wochenende oder in letzter Zeit eher noch seltener zu ihnen. Sie verstanden sich alle gut: Susi, ihre Tochter Maja, 8, Frank

121

und Leon. Von daher war es auch keine Frage, dass er nun eine Zeit lang ganz bei ihnen wohnen könnte. Er hatte Stress mit seiner Mutter und sie selbst meinte, sie bräuchte einfach mal eine Auszeit. Frank freute sich sehr. Er hat seinem Sohn gegenüber die Schuldgefühle nie verloren, obwohl die Trennung schon acht Jahre her ist. Jetzt hatte er das Gefühl, wieder etwas gutmachen zu können. Leon zog also zu ihnen. Susi freute sich auch, sie versprach sich mehr Kontakt zu Leon und zumindest ab und zu einen Babysitter für Maja.

Nach sechs Wochen fühlte sich Susi ausgelaugt, frustriert und hilflos. Sie war mit bestem Wissen und Gewissen und voller Wohlwollen angetreten und nun wusste sie sich nicht mehr anders zu helfen, als die Notbremse zu ziehen. Entweder musste Leon wieder ausziehen oder sie würde mit Maja ausziehen.

Was war passiert?

Leon zog ein und hatte seinen eingespielten Tagesablauf. Morgens stand er früher als alle anderen auf und ging aus dem Haus, wenn die anderen sich gerade zum Frühstücken an den Tisch setzten. Er kam zurück, wenn noch keiner wieder da war, versorgte sich meist selbst und verschwand dann auf sein Zimmer. Zu den eingespielten Essenszeiten erschien er, manchmal auch vorher, wenn Frank da war. Susi hatte das Gefühl, als sei ein Gespenst im Haus. Sie kam nicht in Kontakt mit ihm, aber seine Spuren waren überall sichtbar. Er ließ seinen Kram liegen, räumte Essensdinge nicht weg, oft standen nachmittags noch schmutzige Töpfe und Teller in der

Küche, wenn er für sich alleine gekocht hatte. Im Bad lag sein Handtuch auf dem Boden und seine Wäsche daneben. Wenn Frank da war, versorgte er ihn und für Leon war es das Selbstverständlichste von der Welt. Susi fand die Art und Weise, wie Leon mit Frank redete, dabei fast am schlimmsten: wie ein Oberlehrer, der seinen Schüler zurechtweist und herumkommandiert. Und Frank spurte! Susi versuchte, Leon einzubinden und dabei den Alltag so gewohnt wie möglich fortzuführen. Aber es gelang ihr nicht. Sie hatte das Gefühl, jemand Fremdes sei im Haus, und sie konnte nicht zur Ruhe kommen. Ihre Erwartung, dass Leon abends seine Freunde trifft oder seinen eigenen Kram macht und sie mit ihm aushandeln müsste, wann er denn mal bei Maja bleiben könnte, war völlig falsch. Sie sah ihn jeden Abend auf dem Sofa neben ihrem Mann sitzen. Ihre Freundin hatte ihr letzte Woche noch erzählt, wie schwierig sie es findet, dass ihre Tochter sich immer mehr abnabelt. Aber was war das denn? Leon klammert total und richtet sich im Nest ein. Jetzt hat sich Maja schon abgeguckt, dass sie auch essen kann, wann sie will, und sich vor allen Dingen zu essen machen kann, was sie will. Das geht Susi echt zu weit.

Am Samstag waren Susi und Frank auf einer Party. Es wurde sehr spät. Am nächsten Morgen weckte Leon sie. Es sei 10 Uhr und Familienfrühstück, es sei schließlich Sonntag. Das war die Abmachung, als Leon nur jedes zweite Wochenende bei ihnen war. Susi verstand die Welt nicht mehr. Sie hatte es immer gehasst, wenn ihre

Eltern sie zum Familienfrühstück gerufen hatten und keine Rücksicht darauf genommen hatten, wie sie den Vorabend verbracht hatte. Damals schon hatte sie sich geschworen, dass sie das als Mutter anders macht. Und jetzt? Wird sie von ihrem Stiefsohn gerufen! Was ist das für eine verkehrte Welt?

Susi schafft es, die Situation mit Abstand zu betrachten und Vergleiche zu anderen Familien zu ziehen. Vergleiche zu ziehen und Analogien zu bilden ist gut und sinnvoll, solange keine Bewertung dabei stattfindet, nach dem Motto: »Die machen es richtig, bei uns läuft es falsch!« Vergleiche, Metaphern und Bilder können zu produktiven Fragen führen: Wie kommt es, dass Leon klammert und andere Kinder in seinem Alter sich abnabeln? Susi war froh, als sie aus den starren Ritualen ihres eigenen Elternhauses endlich ausbrechen konnte. Wieso hält Leon so starr an seinen Ritualen und Abläufen fest, ohne sie mit der Familienstruktur um sich herum in Austausch zu bringen oder abzustimmen? Leon ist im Umgang mit anderen ein sympathischer, netter und höflicher junger Mann. Wieso wird er im Kontakt mit seinem Vater so besserwisserisch und tyrannisch?

Susi sitzt mit vielen Fragezeichen in der Beratung. Sie hat Angst, dass Maja sich Leons Verhalten abguckt, und sie will sich zu Hause wieder entspannen können. Wie kann das gehen? Wie soll sie mit diesen Pubertätsschwierigkeiten der besonderen Art umgehen?

Leon erlebt gerade eine spezifische Entwicklungsherausforderung in der Patchworkfamilie: Wie löst man sich von den Eltern ab und stellt sein Leben auf eigene Füße, wenn der Vater sich schon längst abgelöst hat und die Mutter sich gerade selbst löst? Leons Strategie ist also, die Sicherheit gebenden Rituale in seinem Leben festzuzurren, die bestehenden Bindungen zu sichern oder zu intensivieren und die eigene Grundversorgung durch Bestimmen einzufordern.

Jemand, der fordert, ist sich nicht mehr sicher, dass er mit Bitten erfolgreich sein würde. Vergleicht man die heutige Jugend mit der Jugend der Elterngeneration, dann ist der entscheidende Unterschied, dass damals die Elternhäuser betoniert[8] waren, die Jugend sich eingeengt fühlte und für den eigenen, freien Weg kämpfen musste. Heute sind viele Familien zerrissen, geteilt oder unsicher. Die Kinder können sich nicht mehr auf eine sichere Elternbasis verlassen und übernehmen oftmals viel zu früh die Verantwortung selbst. Feste Regeln und Rituale bedeuten in diesem Kontext Halt und Sicherheit, genau das, wonach sich die Jugendlichen sehnen.

Wie geht es wohl weiter? Diese Frage bleibt bis ans Lebensende offen und unbeantwortbar. Man kann Etappenziele formulieren, aber hat sich ein Liebespaar entschieden, diese Lebenswegreise gemeinsam zu begehen und die Kinder mitzunehmen, dann lautet die Frage: Wie gestalten wir die gemeinsame Reise? Was brauchen wir für die gemeinsame Reise? Und dabei ist enorm wichtig zu beachten, dass sich das WIR aus einem ICH und mindestens einem DU zusammensetzt. Und jedes einzelne ICH und DU hat eigene Bedürfnisse, eine eigene Wahrnehmung, eine eigene Geschichte und eine eigene Persönlichkeit.

Kapitel 5

Wer steht an erster Stelle? – Die Frage nach dem eigenen Wert

Viele Stiefmütter leiden darunter, nicht an erster Stelle zu stehen. Es gibt mindestens ein Kind, das vor der Liebesbeziehung da war und einen großen Part im Herzen des Partners einnimmt. Mit dem Kind verbunden ist auch immer dessen Mutter, die Ex des Mannes, die eine Rolle spielt, ob positiv oder negativ. Wieso ist der Umgang damit so schwer? Was ist mit der Nr. 1 alles verbunden? Was bedeutet sie eigentlich? Häufig nimmt man erst wahr, dass man kämpft, wenn man bereits mittendrin ist und die Angst der Niederlage spürt. Worum wird gekämpft? Habe ich überhaupt Erfolgschancen? Will ich überhaupt kämpfen? Worum?

Fragen von Stiefmüttern sind:

»Ich verstehe nicht, wieso ich auf einmal so eifersüchtig bin. Ich habe für alles Verständnis, aber es nutzt mir nichts. Wie

kann das sein? Ich versuche, die Eifersucht zu unterdrücken, schließlich bin ich erwachsen. Aber ich bekomme sie nicht in den Griff. Wie gehe ich damit um?«

»Jede Frau träumt doch davon, die Nr. 1 zu sein. Und so viele Frauen sind das für ihre Männer. Muss ausgerechnet ich meinen Traum aufgeben? Kann das mein Mann fürs Leben sein, wenn ich immer nur Nr. 2, 3 oder 4 für ihn bin?«

»Mir kommt es langsam vor, als ob ich auch mit seiner Ex auf immer und ewig verbandelt wäre. Ich will das nicht, aber sie ist permanent präsent, auch wenn die Kinder und mein Mann nicht im Haus sind, habe ich das Gefühl, sie sagt mir, wo es langgeht! Sie ist ein rotes Tuch für mich und ich sehe fast nur noch rot. Ich hasse sie!«

»Ich komme mir so ohnmächtig vor. Ich mache mir Gedanken, entwickele Lösungen für ihn und die Kinder. Er sagt zwar ›Jaja‹, aber er tut trotzdem etwas anderes. Ich will Zeit für meine Dinge haben, aber ich bin gefesselt von seiner Familiensituation, an der ich sowieso nichts ändern kann. Wieso lass ich das zu?«

»Ich finde mich selbst gemein. Letztens habe ich meiner Stieftochter die Erdbeeren aus der Hand genommen, weil ich nicht ertragen konnte, dass sie mehr davon bekommt als meine Tochter. Im Nachhinein hat mich das richtig erschrocken.«

»Wir sind erst zusammengekommen, als er schon ein halbes Jahr von ihr getrennt war. Also ich war nicht der Grund für die Trennung. Jetzt komme ich mir vor, als ob ich an allem schuld wäre. Ich bin zur absoluten Buhfrau geworden, für alles. Das ist doch verrückt.«

Über den Umgang mit Eifersucht und Konkurrenz

Eifersucht und Konkurrenz sind Beziehungsphänomene. Und beide gehören nicht nur in den Märchen zum Stiefmutter-Dasein. Märchen sind starke Geschichten und können als solche bedenkenlos auch kleineren Kindern vorgelesen werden. Sie haben aber auch noch eine andere Funktion: Sie dienen als Bild für zentrale Lebenskomplexe und verdeutlichen durch die verschiedenen Figuren die Vielschichtigkeit im eigenen Erleben. Stiefmütter sind beispielsweise oft erfolgreiche, starke Frauen und *gleichzeitig* fühlen sie sich klein, von anderen ausgenutzt und wie Aschenputtel zur Magd degradiert.

Tine ist Managerin eines großen Unternehmens und dort wegen ihrer analytischen und kommunikativen Fähigkeiten, ihrer starken Durchsetzungskraft und enormen Flexibilität sehr erfolgreich. Sie erlebt sich selbst als selbstbewusste, attraktive und unabhängige Frau. Im Zusammensein mit Mike und seiner Tochter Lilli, 5, fühlt sie sich jedoch manchmal völlig anders: klein, ohnmächtig und hilflos. Oft kommt sie stunden-, manchmal tagelang nicht aus diesem starren Zustand heraus. Flexibilität, kommunikative Fähigkeiten, Durchsetzungskraft, vernünftige, starke Frau – das sind dann Zuschreibungen, die nichts mit ihr zu tun haben. Auslöser dafür sind Situationen, in denen sie sich ungerecht behandelt fühlt:

Lilli ist dann egoistisch, dreist, frech oder gemein zu ihr oder anderen. Und die größte Ungerechtigkeit ist für sie dann eigentlich immer, dass Mike nicht Lilli tadelt oder rügt, sondern sie wie die tollste Prinzessin auf den Arm hebt und liebevoll umarmt und knuddelt. Sie lässt er stehen und sagt sogar noch: »Sei nicht so streng! Du bist doch die Erwachsene, sie ist doch noch ein Kind. Lass sie doch!« Es fühlt sich aber so an, als ob sie das Kind wäre, das auf den Arm will und nicht darf. Mike erkennt seine Tine dann kaum wieder: »Als ob eine andere Frau oder besser, ein Mädchen, vor mir steht!«

Schlüsselt man die Märchenbilder auf, betrachtet man die einzelnen Figuren im Märchen jeweils als nur einen Teil des eigenen Erlebens, dann kann man die Märchen als hilfreiche Lebensbilder für sich nutzen. Sie können einen begleiten als weise Instanz, die einem Rat geben kann, wenn man sich wieder zu sehr zum Beispiel als Aschenputtel fühlt. Sie können einem helfen zu verstehen, in welchem Konflikt die eigene Seele gerade ist.

In der Beratung wird deutlich: Tine fühlt sich als armes, hilfloses und immer noch leistungswilliges Aschenputtel. Sie fühlt sich gerade wirklich ungerecht behandelt und spielt trotzdem immer noch mit. Sie deckt den Tisch, sie räumt auf, sie lässt für die ›Prinzessin Lillifee‹ das Badewasser einlaufen. Innerlich ist sie hilflos und traurig. Sie weiß gar nicht, wie sie das alles trotzdem schafft und was sie sich davon erhofft. Was ist ihr Fest auf dem Schloss des

Prinzen? Sie fühlt stark das Aschenputtel in sich. Aber der Märchenlogik folgend müsste sie auch die böse Stiefmutter in sich haben. Wo ist ihr strenger, kritischer und gemeiner (stiefmütterlicher) Part? Tine muss nicht lange überlegen: Die Zurechtweisung von Mike hätte sie eigentlich nicht gebraucht, sie weiß selbst, dass sie erwachsen ist und nicht im Selbstmitleid zergehen sollte. Lilli ist nur ein Kind, sie kann ja wohl diese zwei Tage lang mal mütterlich zu ihr sein, ohne Anstrengung. Wieso fällt ihr das so schwer? Sie stellt sich ganz schön an.

Kann sie auch die bösartigen Schwestern in sich wahrnehmen, die neidisch und schief gucken und bereit sind, sich die Zehen abzuschneiden, damit der Schuh passt? Tine verzieht das Gesicht. Es gibt Kolleginnen, die sind auch Mutter und kommen gut klar. Sie tut sich schon schwer als »Wochenend-Stiefmutter«. Der schiefe Blick auf die Kolleginnen wird Tine bewusst. Sie weiß wenig über das Familienleben der Kolleginnen, eigentlich insgesamt wenig über die Frauen. Es ist eher eine Vorstellung, die sie von ihnen hat: Sie schaffen alles leicht. Sie haben wohlgeratene Kinder, einen liebevollen Ehemann, sind erfolgreich im Beruf und sehen noch gut aus. Das will sie auch. In diesen Schuh will sie auch passen, nur mit dem Abschlagen der Zehen hat sie anscheinend (Gott sei Dank) Probleme.

Die Märchen zeigen sowohl die Sackgassen, in die einen Menschen zum Beispiel Eifersucht und Konkurrenz bringen können, als auch produktive Lösungsansätze und Wege aus diesen hinaus. So sind Schneewittchen und Aschen-

puttel jeweils nur eine Seite des Konflikts. Die böse Stiefmutter gehört immer dazu. Umgekehrt hat auch jede böse
Stiefmutter eine Aschenputtel- oder Schneewittchen-Seite.

Das negative Stiefmutterbild, das in Kapitel 1 besprochen wurde, wird allerdings nur aus der Figur der bösen
Stiefmutter gespeist, es wurde von Aschenputtel, Schneewittchen und Hänsel und Gretel abgespalten und verteufelt:
»Die böse Stiefmutter hat die Schuld!« Somit konnten die
Kinder unschuldig bleiben, wenn sie doch schon ihre Mutter verloren haben. Denkt man nun beide Seiten zusammen, macht die Schuldfrage keinen Sinn mehr und führt
nicht weiter. Nur die Betrachtung aller Figurenanteile in
einem und die Akzeptanz dieser Ambivalenzen bringt Entwicklung und Entfaltung mit sich. Neben Schneewittchen
und der Stiefmutter gibt es beispielsweise auch noch die
Zwerge, den Prinzen und den Jäger. Sie alle spiegeln einen
Part unseres Erlebens wider.

In meiner Beratung[9] und Therapie werden die Märchen
mit der eigenen Lebensgeschichte in Bezug gebracht; das
führt zu einem umfassenden Verständnis für die betref-
fende eigene Lebenssituation.

Für die Themen Eifersucht und Konkurrenz ziehe ich im
Folgenden die Märchenbilder Aschenputtel und Schneewittchen zu Rate. Falls die Märchen nicht bekannt sind,
empfehle ich Ihnen die entsprechende Lektüre der Brüder
Grimm.[10]

Das Schneewittchen-Muster:
Immer die Beste sein müssen!

»Spieglein, Spieglein an der Wand, wer ist die Schönste im ganzen Land?« Hier geht es darum, die Schönste, Beste, Perfekteste zu sein. Eben die Nr. 1!

Nur, wer bestimmt die Kriterien? Was macht die Nr. 1 aus? Welche Merkmale hat sie? Und welche Bedeutung haben diese Merkmale für einen selbst? Bereits ein Einlassen auf diese Fragen würde den Status der Nr. 1 in Gefahr bringen. Eine Nr. 1 hat einen Universal- und Absolutheitsanspruch, ist klar und verständlich die Nr. 1 in allen Belangen und duldet keine Detailfragen. Die Poleposition. Es kann nur eine geben!

Beim Märchen Schneewittchen ist die Ausgangssituation ähnlich wie in vielen Patchworkfamilien die Konkurrenz zwischen Stiefmutter und -tochter. Im Mittelpunkt steht zunächst die böse Stiefmutter, die nicht ertragen kann, dass Schneewittchen schöner ist als sie. Sie hat ein Ideal vor Augen, das ihr keine Ruhe lässt. Sie ist besessen davon, dieses Ideal, die Nr. 1 zu sein. Dabei kann sie sich nicht auf ihr Gefühl verlassen, sondern muss ständig den Spiegel befragen. Nur er kann Ruhe durch seine Bestätigung bringen. Allerdings hält diese Ruhe nicht lange an und er muss wieder befragt werden. Ein einmal gegebenes Versprechen vom Liebespartner, dass sie doch die Nr. 1 an seiner Seite sei, gibt oft ebenfalls nur kurz Ruhe, dann braucht sie die nächste Bestätigung.

Bestätigt der Spiegel das Ideal nicht zu 100 Prozent, wird die innere Unruhe gesteigert. Es gibt dabei keinen differenzierten Maßstab, sondern nur das Totale, das Absolute zählt. Alle Einzelheiten, die gut sind und funktionieren, zählen nicht und geraten schnell in den Hintergrund. Einzig und allein um das nicht erreichte Ideal dreht sich alles.

Viele Frauen kennen die beunruhigenden Zweifel, die sich melden, wenn sie ein Kompliment bekommen: »Du siehst heute aber toll aus!« Schnell kommt innerlich die Frage auf: »Und sonst nicht? Sehe ich sonst zu dick aus? Zu langweilig? Zu wenig oder zu viel geschminkt?« Das Kompliment wirkt also nicht als Bestätigung des tollen Aussehens, sondern als Verunsicherung der gesamten Persönlichkeit. Es betont und bestätigt zwar das Tolle und Positive, in den Blick rückt bei der Frau jedoch das Negative, das Unperfekte. Häufig endet so ein lieb gemeintes Kompliment des Mannes in einer Grundsatzdiskussion, die sehr viel Energie und Kraft erfordert, um die Ruhe halbwegs wiederherzustellen. Es ist fast so, als wenn Frauen – ganz nach dem Schneewittchen-Muster – neben dem wohlwollenden, bestätigenden Blick auf sich immer einen zweiten, kritischen und strengen Blick haben, der sich dominant in den Vordergrund drängelt.

Um sich mit diesem kritischen und strengen Blick nicht ständig auseinandersetzen zu müssen, sich durch ihn nicht abwerten lassen zu müssen, wird dieser Blick im Schneewittchen-Muster auf die andere gerichtet. Auf die, die das Ideal erreicht zu haben scheint. Im Märchen soll die Schöne, Perfekte, das Schneewittchen, vergiftet und vernichtet werden. Die andere wird abgewertet, damit man selbst dem Ideal näherkommt.

Cloe und Jan leben seit zwei Jahren zusammen. Sie lieben sich sehr und schmieden bereits Hochzeitspläne. Jedes zweite Wochenende und jeden Mittwoch kommt Laura, 6, zu ihnen. Oft gibt es jedoch schon Tage vor den Laura-Tagen Anspannung und schlechte Stimmung zwischen Cloe und Jan. Susi, Lauras Mutter, hat einen Kleiderladen. Sie ist immer topmodisch gekleidet, ist schlank und der Laden läuft. Trotzdem ist sie auch noch eine fürsorgliche Mutter, geht zu den Kindergarten-Elternabenden und flechtet Laura morgens vor dem Kindergarten immer die Zöpfe. Jan versteht sich gut mit ihr. Sie können über alles, was Laura angeht, gut reden und verabreden sich bei schwierigen Themen, wie jetzt gerade das Thema der Schulwahl, zum Kaffee, um es gemeinsam zu entscheiden. Natürlich war das Verhältnis zwischen Jan und Susi nicht immer so gut, aber Jan ist stolz darauf, dass sie es für Laura geschafft haben, und er tut auch viel dafür, dass es so bleibt.

Cloe ist total eifersüchtig. Sie findet, dass Susi mit ihren Klamotten übertreibt, ihre Farbauswahl zu gewagt und die Rocklänge übertrieben kurz ist. Cloe war stolz auf ihren sehr harmonischen Urlaub auf Norderney zu dritt im letzten Sommer, doch wenn Jan länger als zehn Minuten braucht, um Laura von ihrer Mutter abzuholen, läuft sie Amok. Sie kann in dieser Zeit nichts anderes tun, sie ist besessen von harmonischen Bildern der drei:

Sie lachen gemeinsam, er macht Susi ein Kompliment, Laura umarmt beide auf einmal, ihre Blicke treffen sich und die alte Liebe flackert wieder auf ... Es läuft ein ganzer Film vor ihren Augen ab. Wenn Jan dann kommt, findet sie auf jeden Fall Bestätigung für ihren Film: Ist er zu aufgedreht, dann hat Susi ihn erregt. Ist er sehr entspannt, dann hat er sich sehr wohl mit ihr gefühlt. Ist er sehr auf Laura bezogen, dann will er die gerade erlebte Situation noch festhalten. Ist er sehr um Cloe bemüht, dann hat er ein schlechtes Gewissen ... Cloe sieht mit Abstand, dass es so nicht weitergehen kann. Jan ist hilflos, er weiß nicht, wie er sich verhalten soll. Sie sind beide verzweifelt.

Für Cloe zählt in solchen Momenten nicht, dass Jan ihr einen Hochzeitsantrag gemacht hat, sie ebenfalls Kinder planen und bereits dabei sind, gemeinsam ein Haus zu kaufen. Sie sieht nicht, was sie in den zwei Jahren schon geschafft haben. Sie sieht nur seine Aufmerksamkeit für seine Tochter und vor allen Dingen für die Mutter seiner Tochter und will nicht akzeptieren, dass das so bleiben soll. Sie findet immer etwas, was Susi nicht richtig macht. Betrachtet sie es rein über den Verstand und kann sie die Gefühle zurücklassen, findet sie es verständlich und anerkennenswert, wie Jan seine Vater- und Exmann-Rolle lebt. Das hat auch etwas Beruhigendes und Attraktives für sie. Trotzdem zählt das in diesen Momenten nicht und sie wünscht sich oft, dass er seiner Ex mehr Paroli bieten sollte.

Cloes Strategie, die Nr. 1. zu werden, indem sie die Ex abwertet, führt in die Sackgasse. Die Stiefmutter im Schneewittchen-Märchen versucht mit viel List und Tücke, Schneewittchen zu vergiften und zu töten. Es gelingt ihr immer wieder, doch die Ruhe hält nur kurz und die Stiefmutter muss sterben. Sie kommt nicht zur Ruhe, die Unruhe und Besessenheit vernichtet sie selbst.

Viele Patchworkpaare geraten in diese Falle und trennen sich an dem Punkt, an dem Jan und Cloe jetzt sind. Die Besessenheit ist schwer zu bremsen, alles dreht sich nur noch um »die andere« und kann oftmals nur durch das Ende der Beziehung gestoppt werden. Es trennen sich mehr als doppelt so viele Patchworkpaare als Paare ohne Kinder wieder.

Die Schneewittchen-Strategie: Weniger bedeutet mehr Eigenes!

1. Einschränkungen und Begrenzungen akzeptieren: »Is so!«

Wie kommt man denn aus dem Schneewittchen-Muster heraus? Wie kann man denn eine solche Paarsituation für sich nutzen und zum Guten wenden?

Als Stiefmutter ist man nicht die Nr. 1 in allen Belangen und mit Absolutheitsanspruch und es hilft sehr, sich mit diesem Gedanken anzufreunden: Allein chronologisch gesehen ist man nicht die Nr. 1, es gibt immer schon mindestens eine Frau, die Ex, die eine wichtige Rolle im Leben des Partners eingenommen hat. Auch die Kinder waren vorher da und der Vater hat eine Fürsorge- und Versorgungspflicht gegenüber seinem Kind oder seinen Kindern und oftmals auch gegenüber der Exfrau. Hier ist man als neu dazugekommene Partnerin also längst nicht Nr. 1.

Als Stiefmutter kann man diese Gegebenheiten weder ignorieren noch ändern. Es ist so! Versuchen Sie einmal diese Tatsache stehen zu lassen, ohne direkt ein »Aber« daranzusetzen – wie es im Märchen der Spiegel ja immer tut und damit die Unruhe steigert: »Frau Königin, Ihr seid die Schönste hier, *aber* Schneewittchen ist tausendmal schöner als Ihr.«

Es klingt so einfach und banal. Und doch ist es so schwer.

Ich bin selbst durch eine harte Schule gegangen. Meine Stieftochter, jetzt 15, mit Down-Syndrom, hat mir schon oft Begrenzungen aufgezeigt und mir geholfen, diese zu akzeptieren.

Ich war mit meiner Stieftochter, sie war damals 7 Jahre alt, im Supermarkt einkaufen. Wie so oft unter Zeitdruck, wollte ich schnell, schnell nach Hause, um schnell, schnell wieder zum nächsten Termin zu können. Doch nach dem Kassieren setzte Karola sich auf die Bank vor dem Supermarkt. Mehrmaliges Auffordern, jetzt mitzukommen, konnten sie nicht überzeugen. »Karola, ich verstehe ja, dass du nicht mitkommen willst, aber …« Meine guten Argumente kamen nicht an. Es war auch nicht daran zu denken, sie zu tragen. Also verfiel ich aufs Bitten, versprach ihr Belohnungen, doch Karola guckte mich nur an und sagte: »Is so, Katharina, geht nicht!«

Mir wurde klar, dass ich keine weiteren Erklärungen bekommen würde. Mir blieb nichts anderes übrig, als mich neben sie zu setzen. Ich war erst sauer, dann hilflos. Dann wurde mir allmählich auch klar, dass mein Plan für den restlichen Tag nicht funktionieren würde. Wir saßen einige Minuten nebeneinander. Ich merkte, wie ich ruhiger wurde. Ich holte die gerade gekaufte Schokolade aus meiner Tasche und aß ein Stück. Karola auch. Dann fragte ich: »Was machen wir jetzt?« Karola stand auf und sagte »Nach Hause laufen« und war schon auf dem Weg.

Der Ausspruch »Is so!« ist seitdem bei uns in der Familie ein geflügeltes Wort und immer wieder ein Hinweis für mich, dass ich gerade die Gegebenheiten nicht ändern kann, die Grenze akzeptieren muss und es mir erst mal in dieser Situation gut gehen lassen muss. Meistens ergibt sich dann eine Lösung.

Akzeptieren bei besonders schwierigen Umständen

Natürlich kann es sein, dass Zuschreibungen für die Exfrau wie »psychisch krank, depressiv oder verrückt« nicht nur Abwertungen sind, sondern tatsächlich zutreffen. Dann funktionieren die Zuschreibungen nicht als Vorwurf oder Kampfmittel, sondern sind Tatsachen, die man akzeptieren muss. Anstatt jedoch jeden Tag erneut gegen diese Grenze oder den roten Pfosten im eigenen Lebensraum zu laufen und sich jeden Tag neue Prellungen zu holen, kann man sich entscheiden, wie man mit dieser Gegebenheit umgeht. Man kann zum Beispiel eine Bank um einen Pfosten oder an eine Mauer bauen und die ungeliebten Grenzen als gestalterisches Element nutzen.

Berta konnte sich so über Lisa, Hermanns Ex, aufregen. In ihren Augen war sie wirklich krank. Ständig war etwas mit ihr oder mit Peter, Lisas und Hermanns gemeinsamer Sohn, der nun bald 8 Jahre alt werden würde. Entweder war Lisa krank und sie mussten die Peter-Wochenenden umlegen oder es war etwas mit Peter oder oder oder. Lisa war unberechenbar und schmiss fest vereinbarte Termine kurz vorher wieder um. Selbst Gerichtsentscheide und Strafen brachten nichts. Das hatten die letzten drei Jahre gezeigt, in denen sie an Hermanns Seite mit ihm kämpfte. Es blieb so. Lisa kam immer irgendwie durch. Sie war ein unberechenbarer Teil in ihrem Leben. Berta konnte sich maßlos über sie aufregen. Es war eine Unverschämtheit und sie verstand Hermanns Geduld in keinster Weise. Es raubte ihr so viel Energie. Aber es war so und blieb auch erst mal so. Sie konnte nichts ändern, wie sehr sie sich auch engagierte, sei es freundschaftlich oder kämpfend. Sie hatte das Gefühl, Lisas Unberechenbarkeit könnte es schaffen, ihre Beziehung zu zerstören. Das wollte sie nicht.

Anlass der Beratung von Hermann und Berta war: Wie geht man mit einem unberechenbaren Teil in seinem Leben um? Wie schafft man es, sich nicht davon bestimmen zu lassen und sämtliche Energie rauben zu lassen? Sie merkten in letzter Zeit, dass ihre Beziehung sehr darunter litt.

Die einfach klingende Antwort ist: Man braucht eine Struktur, die genügend Raum lässt, dass sie nicht die eigene Liebes- und Lebenskonstruktion ins Wanken bringt. Die Umsetzung ist eine Herausforderung für jedes Paar. Es geht hier nicht mehr um die Ex und um das Stiefkind, sondern um die eigenen Bedürfnisse und Gefühlszustände in der Beziehung. Eine Chance, sich näher und intensiver kennenzulernen und die Beziehung auf ein festes Fundament zu stellen.

Berta und Hermann entschieden sich, ihre Struktur auf den Prüfstand zu stellen und weiterzuentwickeln.

Dazu gehörte zum Beispiel, neben Plan A immer auch einen Plan B und einen Plan C zu haben. Die Urlaubsplanung wurde zu einer großen Aufgabe: fest gebuchte Flüge und Hotelzimmer fielen schon mal weg. Eventuelle Stornogebühren für Flüge und Hotels konnten sie sich nicht leisten. Sie brauchten also ein Ziel, das mit dem Auto erreicht werden konnte, und ein Appartement, das sowohl für zwei als auch für drei reichen würde. Planungen für Wochenenden spielten sie einmal mit Peter durch (Plan A: zu dritt), einmal ohne Peter (Plan B: als Paar) und einmal für Berta alleine und für Peter und Hermann alleine (Plan C: 1 und 2), je nachdem, welche Situation es betraf.

Das Durchdenken der verschiedenen Szenarien war sehr aufwendig, da sie neben der operativen Logistik auch ihre Gefühlslage betrachteten. Dabei hatte die Trauer von Hermann bei Plan B genauso Platz wie der Unmut und die Enttäuschung von Berta bei Plan C. Auch für den Umgang mit den Gefühlen musste eine Struktur und eine Vorgehensweise entwickelt werden. Wichtige Fragen dabei sind: Was machen wir mit der Trauer? Was löst deine Trauer bei mir aus? Wie gehen wir mit Enttäuschungen um? Wie fühle ich mich, wenn du wegen der ganzen Situation auf etwas verzichten musst? Wer hat die Verantwortung wofür? Welche Muster laufen in der Beziehung fast unbemerkt ab? Und viele ähnliche Fragen.

Der Beratungsprozess dauerte etwas länger und berührte auch grundlegende Konflikte in der Beziehung;

doch das lohnte sich: Berta und Hermann gewannen ihre Handlungsfähigkeit wieder und die Ohnmacht und die Wut auf Lisa verschwanden. Sie wurden unabhängig von Lisa und ihren Anwandlungen. Es konnte zumindest für die nächste Zeit wieder Ruhe einkehren und sie konnten sich auf die neu entstandene Paarstruktur fokussieren. Und das Überraschende für beide war: Durch das Akzeptieren der ungeliebten und unverstandenen Grenze öffnete sich eine Vielfältigkeit an Gestaltungsmöglichkeiten, die beiden neue Erlebnisse alleine und miteinander ermöglichten. So fand Berta zunehmend den zunächst mürrisch angenommenen Plan C als eine willkommene Gelegenheit, sich um sich zu kümmern, und wollte diese schon bald regelmäßig als Plan A einführen.

Das »Stolpern« über Lisas Unberechenbarkeit hat Berta und Hermann zu einer lebendigeren Beziehung verholfen. Sie kennen sich besser und haben beide das Gefühl, ihre Liebe ist neu zum Leben erweckt worden.

Auch im Märchen wird Schneewittchen wieder lebendig, als der Diener des Prinzen stolpert und das Apfelstück sich wieder aus Schneewittchens Hals löst. Manchmal braucht man vielleicht ein Stolpern, einen Fehler oder eine ungeliebte Grenze, damit (wieder) neue Lebendigkeit ins Leben kommen kann.

2. Den eigenen Maßstab entwickeln

Wie kann ein Leben aussehen, in dem man nicht Nr. 1 ist und trotzdem zufrieden sein kann? Wie kann man sich ein Leben schaffen, in dem man »außer Konkurrenz« die Liebespartnerin ist und glücklich?

Eine mögliche Antwort kann man im Märchen in der Figur des Schneewittchens erkennen. Schneewittchen verlässt die Konkurrenzwelt der Stiefmutter, macht sich auf und findet eine Zwergenwelt, weitab vom Idealmaßstab. Hier geht es nicht darum, die Nr. 1 zu sein, sondern von jedem Tellerchen, von jedem Becherchen nur ein bisschen zu probieren. In jedes Bettchen legt Schneewittchen sich, aber welches passt zu ihr? Eins zu klein, eins zu kurz, eins zu lang, das siebente passt. In der Zwergenwelt hat sie einen Rahmen, in dem sie Eigenes ausprobieren kann. Was ist ihr Eigenes?

> Cloe entschied sich, sich mehr um sich zu kümmern. Doch was heißt das genau? Sie wollte nicht auf diese Laura-Situationen hinfiebern, sondern verabredete sich mit einer Freundin für den gesamten Nachmittag. Jan, Laura und Cloe würden sich dann erst zum Abendessen sehen. Sie verabredeten weiterhin, dass sie, wenn Laura schlief, sich eine halbe Stunde Zeit nehmen, damit Jan erzählen konnte, wie die Übergabe war, und Cloe nachfragen konnte. Eine halbe Stunde, nicht länger!
>
> Cloe wollte raus aus der Unruhe und dem ständigen Denken an Susi. Sie wollte sich und die Situation besser verstehen lernen. Sie begann eine Therapie. Im Prozess

wurde deutlich, dass sie ständig den Blick ihrer Mutter und deren Maßstab mit sah, mit dachte und fühlte. Ihrer Mutter war es immer wichtig gewesen, dass sie alles ganz ordentlich machte. Es gab Belohnungen und Bestrafungen, sie musste perfekt sein, sonst durfte sie abends nicht bei den Eltern im Wohnzimmer sein. Und erst dann konnte sie ruhig werden. Das war wie der Spiegel im Märchen, den sie mit sich herumtrug und nun auf Jans Ex übertrug.

Im Verlauf der Therapie konnte Cloe auch erkennen, dass ihr Schneewittchen-Muster auch in ihrem beruflichen Werdegang eine Rolle spielte. Nach drei Jobs, in denen sie gemobbt wurde, obwohl sie »hervorragende Arbeit leistete«, hat sie sich vor einem Jahr entschieden, noch mal eine Ausbildung in einem ganz anderen Bereich anzufangen. Anders als im Medienbereich, in dem sie vorher tätig war, waren jetzt in ihrer Schneiderinnenausbildung ganz andere Dinge wichtig. Es ging nicht mehr sosehr um Werben, Verführen und Verlocken (wie im Märchen die Stiefmutter Schneewittchen verführt und lockt), sondern darum, dass sie einerseits das Handwerk lernte, andererseits aber einen eigenen Stil entwickelte. Dazu musste sie sich in dem kleinen Ausbildungsunternehmen einfinden (wie im Zwergenhaushalt) und in jeder Abteilung erst einmal lernen und ausprobieren. Es galt dort nicht der große Auftritt, eher Geschicklichkeit und der Blick für Details (von jedem ein bisschen). Sie wollte Modedesignerin werden und ihre ganz eigene Mode machen.

3. Das Eigene neben anderem stehen lassen

In der Zwergenwelt den eigenen Maßstab zu finden und zu
leben ist schon schwer. Die Zwergenwelt ist aber eine
geschützte, abseitige, die nicht standhält mit der realen
Welt, sondern für diese eher unsichtbar ist. Wie schafft
man es, den eigenen Maßstab in die reale Welt zu bringen
und beizubehalten, in eine Welt, in der viele Maßstäbe
gleichzeitig existieren und sich durchsetzen wollen? Wie
bereits in den vorherigen Kapiteln angesprochen, liegt die
Lösung für Probleme in Trennungsfamilien oftmals in
einer produktiven Trennung, das bedeutet nicht etwa Trennung von Personen, sondern Auseinandersetzung und Dif-
ferenzierung in der betreffenden Angelegenheit und Situation: Wie bleibt man beim eigenen Maßstab und kann
gleichzeitig den anderen respektieren und wertschätzen?

Eine gute Hilfe ist die Standbein/Spielbein-Betrachtung.
Wenn man sich seiner eigenen Bedürfnisse, seines Willens,
seiner Meinung, also seines Maßstabs bewusst und sicher
ist, kann man klar und deutlich seinen Standpunkt mar-
kieren. Man bezieht Position. Je klarer man dieses tut,
umso einfacher wird es auch für andere, diesen Standpunkt zu erkennen. Erst dann kommt das Spielbein zum
Zuge. Das Standbein ist klar und nun kann man sich erlauben, mit dem Spielbein den Standpunkt des anderen zu
erkunden.

Dabei hilft insbesondere Empathie für die Situation des
anderen, die es möglich macht, dessen (Psycho-)Logik zu
erfassen. Mit dem Spielbein erhält man also neben relevan-

ten Informationen auch ein tiefergehendes Verständnis für die Notwendigkeit des anderen Standpunkts. Da der eigene Standpunkt einer anderen, der eigenen Psychologik folgt und beide gleiche Berechtigung besitzen, gibt es in einem Konflikt zu zweit also zwei Standpunkte. Je mehr Personen an einem Konflikt beteiligt sind, umso mehr Standpunkte gibt es.

Cloe konnte im Laufe der Behandlung sehen, dass sich ihr Standpunkt in vielen Werten und Auffassungen unterschied von denen der anderen: denen ihrer Mutter, Jans Ex und auch Jans. Wenn sie merkte, dass die Unruhe wieder kam, hielt sie inne, machte sich ihren Standpunkt bewusst und das, was ihr wichtig war, und konnte sich immer leichter erlauben, den Standpunkt der anderen zu verstehen. Sie sah ihre Mutter in einem anderen Licht, hatte Verständnis für ihre Verhaltensweisen und konnte jederzeit wieder zu ihrem Standpunkt wechseln, der diese Verhaltensweisen als absolute Ungerechtigkeit empfand. Es gab einfach zwei Standpunkte. Für die Mutter war es so, für Cloe so.

Cloe war wichtig, dass Jan zu ihr steht, dass für alle klar war, dass sie eine Liebeseinheit sind, auch vor seiner Ex. Jan war wichtig, dass er bei seiner Ex die Elterneinheit betonte und demonstrierte. Das war schwer für Cloe, sie verstand es, konnte aber nur langsam Sicherheit im Unterscheiden gewinnen und sich damit abfinden, dass Jan noch einen weiteren Mittelpunkt in seinem Leben hatte, um den er sich drehte. Aber sie sah seinen

Standpunkt klarer und konnte ihn stehen lassen, ohne ihn ständig zu attackieren.

Das Ritual der halben Stunde behielten Cloe und Jan bei. Sie übte, Jans Aussagen stehen zu lassen und in der Elterneinheit zu lassen, mit der sie nichts zu tun hatte. Sie war selbst erstaunt, als sie merkte, dass Jan sie manchmal an die halbe Stunde erinnern musste, weil ihn noch etwas beschäftigte, was er mit ihr besprechen wollte. Die halbe Stunde dauerte dabei oft nur noch zehn Minuten, weil sie keine Fragen mehr stellen musste oder wollte. Gleichzeitig machten sie feste Zeiten aus, um über ihre Liebeseinheit zu reden, über Wünsche, Sehnsüchte, bereits Erlebtes und Pläne, die sie zusammen hatten.

Cloe half die Standbein/Spielbein-Übung sehr. Mithilfe von Weingläsern als Symbol für ihre beiden Standpunkte und einer kleinen weiteren Figur machte sie deutlich, wo sie sich gedanklich und emotional gerade bewegte. Dann konnte sie zum Beispiel sofort verstehen, wenn es um Reisen ging, dass es aus Jans Sicht nicht möglich war, dass sie länger als drei Wochen ohne Kind in Urlaub fuhren. Früher hätte sie alles darangesetzt, um eine oder zwei Wochen mehr herauszuholen, und hätte Laura verteufelt, die Schuld daran hat, dass sie keine Weltreise machen konnten. Jetzt war es einfach so. Setzte sie die kleine Figur zu ihrem Weinglas, war die Enttäuschung darüber da. Jan verstand auch das sehr gut und tröstete sie. Das genoss sie sehr. Drei Wochen waren ja auch schon eine lange Zeit. Ihr war wichtig, dass es eine romantische, einmalige Reise werden sollte. Vielleicht Hawaii? Jan war überraschenderweise offen dafür …

Jede Stiefmutter kann und darf sich – wie Cloe – auf sich konzentrieren; sie muss nicht den kritischen Spiegel befragen, sondern kann sich entscheiden, sich wohlwollend zu betrachten und sich wertzuschätzen. Gleichzeitig rücken zusätzliche Möglichkeiten beziehungsweise Chancen in ihren Blick: verhandeln, bitten und anderen tatsächlich die eigene Herzenslage, den eigenen Standpunkt offenbaren. Dann kommt was in Bewegung, es gerät was ins Stolpern und es wird lebendig.

Das Aschenputtel-Muster: Sich kleinmachen, um groß rauszukommen

Viele Stiefmütter fühlen sich wie Aschenputtel. Sie machen die Hausarbeit, kümmern sich um die Kinder, richten ihre Zimmer ein und stehen jederzeit zur Verfügung. Sie stellen ihre eigenen Bedürfnisse hintan, rücken, sobald die Kinder kommen, in den Hintergrund. Sie passen sich an, machen sich klein und versuchen, es allen recht zu machen.

Warum tun sie das?

Im Märchen Aschenputtel tut Aschenputtel all dies, weil sie ihrer Mutter versprochen hat, gut und fromm zu sein.

Und an dieses Versprechen fühlt es sich gebunden. Gleichzeitig ist mit dem Kleinmachen und dem Gehorsam eine Hoffnung verbunden. Aschenputtel glaubt, wenn sie all diese unmöglichen Aufgaben erledigt, die die Stiefmutter ihr aufträgt, dann kann sie aufs Hochzeitsfest gehen. Aschenputtel meint also, die Voraussetzung für die Erfüllung ihres Traumes sei, dass sie sich klein- und passend macht und sich bis zur Aufopferung in den Dienst der anderen stellt.

Wie ist das bei den Stiefmüttern?

Bei Stiefmüttern mit dem Aschenputtel-Muster ist es ähnlich. Sie träumen von einer heilen Familie und hoffen, dass sich ihr Traum erfüllt, wenn sie nur gut genug auf die Erwartungen der anderen achten, diese bedienen und es den anderen recht machen. Auch bei diesen Stiefmüttern ist das Sich-Kleinmachen, die Fürsorge für andere und das Sich-Anpassen immer mit einer Hoffnung auf etwas Großes verbunden, mit dem gerechten Lohn, dem Hochzeitsfest oder zumindest Dankbarkeit und Wertschätzung.

Thea und Kurt sind seit fünf Jahren ein Paar. Thea träumt von ihrer eigenen Familie: ihren eigenen Kindern, ihrem Haus mit Garten und dem idyllischen Familienleben. Sie hat klare Vorstellungen und thematisiert diese seit Jahren mit Kurt. Die Trennung Kurts war sehr schwierig und auch jetzt ist der Kontakt zu Kurts Ex angespannt. Seine beiden Kinder, Franziska und Luis, 10 und 12 Jahre alt, sind ihm sehr wichtig und er investiert viel Zeit und Energie in sie.

Die Beziehung zwischen Thea und den Kindern ist eher schwierig. Thea weiß, dass sie Kurt nur mit den Kindern haben kann. Daher bemüht sie sich auch um diese. Sie kocht ihre Lieblingsessen, verzichtet auf gemeinsame Urlaube, wenn die Kinder oder Kurt dieses nicht wollen. Sie passt sich der Alltags- und Urlaubsplanung vollkommen an, schläft sogar, wenn es sein muss, im Gästezimmer. Ihren eigenen Kinderwunsch stellt sie seit drei Jahren zurück. Auch an eine gemeinsame Wohnung ist noch nicht zu denken. Kurt kann sich noch nicht dazu durchringen. Zwischendurch gibt es Konflikte, weil Thea das Sich-Kleinmachen und Sich-Anpassen nicht immer durchhalten kann. Aber sie glaubt, anders hat sie keine Wahl. Sie muss lernen, es noch besser zu schaffen.

Thea ist sich ihres Familientraums bewusst und sie redet viel und offen darüber. Viele Stiefmütter haben jedoch ein unbewusstes Familienbild, das zwar klar und selbstverständlich im Alltag Regie führt, aber nicht kommuniziert werden kann. Dieses Traumfamilienbild ist jedoch ebenso wie Theas weit von der Realität entfernt: In Theas Familienbild kommen weder Stiefkinder vor noch ein engagierter Vater, der sich um die außenstehenden Kinder kümmert. Auch die Eigensinnigkeit und Sturheit Kurts passen nicht in Theas Idealbild. Ihr Traumbild funktioniert wie eine Schablone, in die sie und ihre Familie passen sollen. Eigenheiten, besondere Bedürfnisse der Einzelnen und besondere Bedingungen der Familiensituation werden nicht mit berücksichtigt und daher auch nicht mit in die Planung einbezogen. Alles kann und muss zugunsten der Traumbild-Schablone geändert werden. Deshalb strengt sie sich schon jetzt aufs Äußerste an und schränkt sich ein. Der Glaube an das Traumbild schließt Einschränkung, Begrenzung und Selbstverstümmelung mit ein. Die Schwestern im Märchen hacken sich auch Zehen und Fersen ab, um in den Schuh zu passen. Nur so wird man Königin. So der Glaube.

Die Aschenputtel-Strategie: Abschied vom Traumbild und Entwicklung eines eigenen Weges

Wie kann man als Stiefmutter mit dem Aschenputtel-Muster ein glückliches und erfülltes Leben führen, ohne sich kleinmachen, alle Erwartungen der anderen erfüllen und sich ständig zurücknehmen zu müssen?

Oft werden die Stellen im Märchen überlesen und nicht mehr erinnert, an denen Aschenputtel zum Grab ihrer Mutter geht und weint. Sie tut es häufig und das ist wesentlich für ihre Entwicklung: Durch ihre Tränen wächst das Bäumchen, das ihr völlig neue Möglichkeiten eröffnet und ihr ihre Wünsche erfüllt. Weinen und Trauern ist ein entscheidender Schritt für die Entwicklung Aschenputtels.

In den Beratungssitzungen wird Thea bewusst, dass sie den Grundsatz »Sorge dafür, dass es den anderen gut geht!« von ihren Eltern ebenso selbstverständlich wie unreflektiert übernommen hat und sie sich als Kind dadurch sehr viel Zuwendung und Anerkennung verdient hat. Auch heute ist dieses immer noch ein wichtiges Prinzip in der Beziehung zu ihrer Mutter. Thea fängt an zu weinen: »Immer gingen die anderen vor, nie durfte ich wichtig sein! Selbst die Nachbarn und was die denken könnten, war wichtiger!« Es fallen ihr immer mehr Bilder und Situationen aus der Kindheit ein und wie sie sich angestrengt hat, damit ihre Mutter zufrieden mit ihr war. Sie wird traurig und nachdenklich.

Was wäre, wenn sie jetzt die Erlaubnis erhalten würde, an erster Stelle für sich zu sorgen?

Thea wohnt in ihrer Studentenwohnung und wartet auf den Wink von Kurt, um in sein Haus zu ziehen. Deshalb muss sie noch in ihrem 1-Zimmer-Appartement wohnen bleiben. Aber der Wink kommt nicht. Wenn sie nun die Erlaubnis haben würde, sich um sich zu kümmern, würde sie sich eine größere Wohnung suchen. Eine mit Südbalkon und neben dem Schlafzimmer noch ein Büro für sie selbst. Sie merkt, wie Bilder in ihrem Kopf entstehen. Dann hält sie inne und wird wieder traurig. Wenn sie diesem Impuls, für sich zu sorgen, folgt, rückt ihr Familienbild weg, es wird unklarer und nebeliger. Tränen kommen.

Mit dem Abschied von alten Lebensgrundsätzen erwachsen neue Möglichkeiten und Handlungsoptionen. Neue Bilder und Lebensperspektiven entstehen. Gleichzeitig wird das Traumbild, das einen fest im Griff hatte und das es zu erreichen galt, infrage gestellt. Das Ideal- und Sehnsuchtsbild wird von der Traumwolke heruntergeholt. Erst wenn man es loslassen kann, ist der Weg frei für ein neues Bild. Ein realistisches, erreichbares Bild, das zu einem selbst und zu den Menschen und zu der Situation passt, die einen umgibt.

Aschenputtel saß in der Asche und träumte vom Leben auf dem Schloss. Von diesem »Ganz oder gar nicht«-Prinzip muss man sich lösen. Es ist schwierig, den großen Traum loszulassen, für den man doch bereit ist, in der Asche zu sitzen.

Die Herausforderung für Stiefmütter mit dem Aschenputtel-Muster ist Folgende: das (unbewusste) Traumbild loslassen, wahrnehmen, was ist, sich selbst den wichtigen Platz im Leben zugestehen und ihn einnehmen. Dann können sich die Frauen auf den *eigenen Weg* machen. Er liegt irgendwo zwischen Asche und Schloss.

Hänsel und Gretel: Die Stiefmutter-Strategie, die auch für Mütter hilfreich ist

Neben den Betrachtungen der Stiefmutter von Schneewitt-chen und Aschenputtel darf doch die Stiefmutter von Hän-sel und Gretel nicht fehlen. Für viele ist sie die Schlimmste von allen. Doch auch hier gibt es ein Hänsel-und-Gretel-Muster beziehungsweise eine passende Strategie dazu. Und diese ist so grundlegend, dass sie nicht nur für Stiefmütter gilt, sondern für alle Mütter. Tatsächlich war die mütterli-che Frau bei Hänsel und Gretel in den Märchenfassungen bis 1840 noch die leibliche Mutter und wurde erst danach in eine Stiefmutter umgewandelt.

Wie schon zuvor erläutert, geht es nicht darum, sich mit einer Märchenfigur zu identifizieren und sich für Gut oder Böse zu entscheiden; sondern die Märchen sind hilfreich, wenn wir *jede Figur* als *eine Tendenz* in einer Persönlichkeit sehen. Es wird also davon ausgegangen, dass die Menschen ambivalent sind und widerstrebende Tendenzen in sich haben. Das Zusammenspiel und die Konflikte der einzel-nen Märchenfiguren zeigen den Kampf in der Seele auf.

So wie im vorherigen Abschnitt die Aufmerksamkeit auf Aschenputtel beziehungsweise Schneewittchen als Kipp-figur mit der Stiefmutter lag, soll hier die Kippfigur Stief-mutter/Hexe in den Fokus gerückt werden.

155

Das stiefmütterliche Prinzip

Das stiefmütterliche Prinzip der Selbstfürsorge wird im Märchen »Hänsel und Gretel« scheinbar in extremer Form als gemeiner Egoismus dargestellt: Die armen Kinder werden in den Wald geschickt und drohen des Hungers zu sterben, weil die Stiefmutter für sich und ihren Partner an erster Stelle sorgt. Die egoistische Tendenz scheint fundamentalistisch und zerstörerisch zu sein, doch ist sie als Tendenz der Selbstfürsorge notwendig und nicht zu verteufeln. Gerade für Patchworkfamilien ist es wichtig, der Paarbeziehung Priorität, Zeit und Raum einzuräumen, weil sie das Fundament der gesamten Konstruktion ist und ohne eine intakte Paarbeziehung die ganze Familie keine Chance hätte.

Selbstfürsorge darf nicht mit zerstörerischem Egoismus verwechselt werden. Trotzdem scheint es heutzutage oft schwierig zu sein, sich an erste Stelle zu setzen und zuerst für sich zu sorgen und dann erst für die anderen. Vielleicht fällt es leichter, die vermeintlich böse Stiefmutter im Märchen mit anderem Blick zu sehen, wenn wir uns vorstellen, dass die Kinder schon älter sind: Stellt man sich die Anfangsszene aus »Hänsel und Gretel« mit größeren Kindern oder jungen Erwachsenen vor, die einfach das »Hotel Mama« nicht verlassen wollen, dann erscheint die Stiefmutter plötzlich in einem anderen Licht. In der französischen Komödie »Tanguy – der Nesthocker«[11] von Étienne Chariliez (2001) versuchen die Eltern Edith und Paul verzweifelt mit abstrusen Methoden ihren 28 Jahre alten Sohn aus der Wohnung zu ekeln. Tanguy reagiert auf Stromausfälle, verschimmelte Fischabfälle und ähnliche Katastrophen jedoch nur mit Gelassenheit.

Für die Entwicklung der Kinder ist ein Trennen und Wegschicken und damit ein Alleinlassen der Kinder unbedingt notwendig. Die erste Trennung erleben die Kinder bereits schmerzvoll, wenn sie von der Mutterbrust abgestillt werden. Wenn sie alleine im Kindergarten bleiben sollen, schreien die Kinder, weil sie die Trennung nicht wollen. Die Mütter sind so gemein und gehen einfach. Jeder Schulweg birgt Gefahren in sich, trotzdem lassen wir die Kinder ihn alleine bewältigen. All diese Ereignisse sind wichtige Entwicklungsschritte, die eine Herausforderung für Kinder und Mütter bedeuten. Ohne Trennung und ein Zutrauen, dass die Kinder die Wirklichkeit alleine bewältigen können, findet keine Entwicklung statt. Entscheidend ist natürlich das Maß: Kleine Kinder können nicht alleine im Wald überleben. Für 15- oder 16-jährige Jugendliche ist es vielleicht eine sinnvolle Herausforderung.

Das Hexenprinzip: Überbemutterung und Kontrolle

Die Hexe in »Hänsel und Gretel« ist auch egoistisch und fundamentalistisch wie die Stiefmutter; sie geht nur anders vor. Als die Kinder ans Hexenhäuschen kommen, trauen sie ihren Augen nicht: leckere, süße Sachen, die sich jedes Kind wünscht. Die Hexe tut freundlich und verspricht, für die Kinder zu sorgen und sie zu verwöhnen. Das erinnert an heutige Mütter und Väter. Sie verwöhnen ihre Kinder und versprechen, alle Wünsche zu erfüllen. Unbewusst steckt dahinter vielleicht auch das Hexenprinzip. Sie tun alles für die Kinder, sie fördern und füttern sie. Entscheidend dabei ist aber nicht der Wille des Kindes, sondern das Zielprojekt der Eltern. Die Kinder sind der Hexe egal, sie hat nur ihren Kinderbraten im Sinn. Sogenannte »Helikopter-Eltern«[12] sind Eltern, die alles tun und besorgen, was die Kinder benötigen, damit diese die Ziele der Eltern erreichen können.

Hänsel und Gretel bekommen bei der Hexe zwar genug zu essen und werden gut versorgt, können sich aber nicht frei entwickeln. Und ihnen droht abermals der Tod – nun durch die Gier der Hexe. Überbemutterung und Kontrolle gefährden die Entwicklung unserer Kinder und sind ebenso gefährlich und zerstörerisch, wie es ist, die Kinder sich komplett allein zu überlassen. Auch hier fehlt ein Maß. Natürlich brauchen unsere Kinder Behütung und Kontrolle, aber nicht motiviert durch unbewussten Egoismus und in grenzenlosem Extrem.

Die Hänsel-und-Gretel-Strategie: Kinder auf eigene Füße stellen

Beide Prinzipien sind mütterliche Tendenzen und haben in Maßen ihre Berechtigung. In extremer Ausprägung sind sie beide zerstörerisch: Mit einer Mutter, die nur für sich sorgt, kann kein Kind überleben, ebenso wenig kann ein Kind überleben mit einer Mutter, die das Kind erstickt mit Überbehütung und Kontrolle.

Eine Balance zwischen diesen beiden Tendenzen macht eine gesunde Entwicklung für das Kind erst möglich.

Der letzte Part des Märchens, der leider oft aus dem Blick gerät, gibt weitere Ideen davon, wie man in der Patchworkfamilie einen Ausweg aus dem Dilemma zwischen Egoismus und Überfürsorge finden kann: Hänsel und Gretel sind nach ihrer Flucht in unbekanntem Neuland, sie kennen sich nicht aus, so, wie sich viele Stiefmütter nicht mit der Familie auskennen, mit der sie sich gerade zusammenfinden. Schließlich kommen sie an einen See und sehen Bekanntes am gegenüberliegenden Ufer. Wie kommen sie hinüber? Sie sehen die Dinge unvoreingenommen und erkennen dadurch die Ente als außergewöhnliches, aber mögliches Transportmittel. Auch in der Patchworkfamilie muss man die Augen offen halten für ungewöhnliche und provisorische Lösungen. Nachdem Hänsel und Gretel als starkes Team und Geschwisterpaar glücklich aus den Fängen beider Mütterfiguren fliehen konnten, kommen sie nun nur noch einzeln weiter. Jeder sorgt alleine für sein Weiterkommen. Glücklich können sie dann wieder zusammensein.

Kapitel 6

Mein lieber Mann, wieso tue ich mir das an?

Dieser Satz fällt so oder in ähnlicher Art und Weise dann, wenn die Stiefmutter an ihre Grenze kommt. Die Liebesbeziehung wird infrage gestellt und die Ursache dafür liegt anscheinend nicht im Zusammensein als Paar. Es scheint, als ob die Liebe an den Bedingungen, am Drumherum, an den Kindern, an der Ex, an der Gesamtkonstruktion Patchworkfamilie scheitern könnte. Und die Lust? Ist schon vergangen. Die Konflikte, ausgelöst durch diese Rahmenbedingungen, führen nicht zum Wachsen und Entfalten der Liebe, sondern werden als einschränkend, kleinmachend und vernichtend erlebt. So lautet oft das traurige Fazit der Liebespartner.

Klagen in der Beratung sind zum Beispiel:

»Am Anfang war das alles kein Problem, ich habe das alles nicht gemerkt oder nicht wahrgenommen. Erst mit der Zeit

wurde es so schwierig! Wenn ich das vorher gewusst hätte …«

»Ich fand toll, wie liebevoll, wie fürsorglich er zu mir war. So ist er zu den Kindern auch immer noch, aber ich kann es nicht mehr ertragen!«

»Die Kinder machen die Beziehung verdammt schwer. Alleine verstehen wir uns gut und haben auch keine Probleme, aber jedes Mal, wenn die Kinder kommen oder nur Thema sind, wird es brenzlig. Ich weiß, dass es die Kinder nicht allein sind, aber was können wir tun?«

»Wir waren so verliebt. Ich dachte, die Liebe reicht. Ich habe wirklich viel aus Liebe getan. Jetzt reicht sie dann anscheinend doch nicht mehr. Ich bin aber auch nicht Mutter Teresa, ich bin nicht nur für meinen Mann und seine Kinder da. Ich will auch was vom Leben! Mein Mann stimmt mir sogar zu, aber es ändert sich nichts! Ich weiß nicht mehr weiter!«

»Wenn der Mann keine Kinder hätte, wäre alles gut! Wir passen so gut zusammen, aber seine Kinder und seine Ex machen alles kaputt!«

Mannomann, wieso tue ich mir das an? Dahinter steckt die Feststellung, dass etwas aus der Balance geraten ist. Die eigene Gefühlsbalance oder das Gleichgewicht zwischen Geben und Nehmen ist gestört. »Für was zahle ich einen so hohen Preis? Was bekomme ich eigentlich dafür, dass ich mich in diese Konstruktion begebe?« Spätestens bei solchen Fragen ist eine genaue »Bilanz« sinnvoll. Schließlich braucht man gute Gründe, um mit einem Projekt, bei dem unter dem

Strich ein gefühlter Verlust steht, weiterzumachen. Die Unbeschwertheit, Leichtigkeit und Lust fehlt; was bleibt?

Vicky und Christian sind seit vier Jahren ein Paar. Anfangs trafen sie sich heimlich, da sie im gleichen Unternehmen arbeiteten und Christian Vickys direkter Vorgesetzter war. Sie waren sehr verliebt. Aber Christian war noch verheiratet und wohnte mit seiner Frau und seinen beiden Kindern zusammen. Es war Vickys erster Job, sie war gerade mit dem Studium fertig geworden. Christian war zwölf Jahre älter als Vicky und in seiner Ehe schon länger nicht mehr glücklich. Sie versuchten aus Vernunftgründen sich nicht zu treffen und sich wieder zu trennen, aber sie kamen nicht voneinander los. So eine Frau wie Vicky hatte er sich immer gewünscht. Sie war lustig, spontan und klug und sprühte nur so vor Ideen. Er liebte ihre unbeschwerte Art und ihre Gelassenheit. Für Vicky war Christian eine Halt gebende Person. Es tat ihr gut, jemanden an ihrer Seite zu haben, der ihre Fantasien ernst nahm und sie mit ihr zusammen weiterentwickelte und umsetzte. Sie war erfolgreich in ihrem Job, lernte gut und schnell von Christian. Sie hatte das Gefühl, bei ihm angekommen zu sein. Schließlich entschieden sich beide, offiziell zusammen zu sein. Christian trennte sich und sie zogen zusammen. Sehr schnell wurde Vicky dann schwanger, sodass zu Christians Kindern Elias, 7, und Lucy, 5, noch Jasper dazukam, jetzt 2 Jahre alt. Der Kontakt zu Christians Ex war und ist schwierig, es gibt noch oft viel Unmut und Stress.

Die Kinder kommen jede Woche mindestens zwei Tage und Vicky verstand sich von Anfang an gut mit ihnen.

Vicky hatte gekündigt, als sie mit Jasper schwanger war. Zum einen wollte sie sich ganz auf ihr Kind konzentrieren, zum anderen war die Situation im Unternehmen mit den Kollegen schwierig. Seit einem halben Jahr arbeitet Vicky nun in einem anderen Unternehmen, hat aber Schwierigkeiten, sich dort einzufinden und alleine ihre Position zu behaupten. Ihr fehlt Christians Halt und Vertrauen.

Christian steckt viel Energie in die Auseinandersetzung mit seiner Exfrau und versucht der Kinder wegen alles harmonisch zu regeln. Jetzt ist seine Exfrau arbeitslos und er fühlt sich verpflichtet, sich um sie zu kümmern. Gleichzeitig hat er ein schlechtes Gewissen den Kindern gegenüber und verwöhnt sie daher sehr.

Vicky hat zwar viel Verständnis für seine Situation, braucht nun aber einen starken Partner an ihrer Seite und fordert Unterstützung ein. Sowohl im Beruflichen als auch mit Jasper fühlt sie sich alleine. Immer häufiger streiten sie sich, sie merkt, dass sie es ungerecht findet, dass er sich um seine Ex und seine Kinder so intensiv kümmert und für sie nicht so sehr da sein kann, wie sie es jetzt bräuchte. Sie ist wütend auf die Kinder und die Ex, obwohl sie auch ihre Position verstehen kann. Aber ohne seine Kinder und seine Ex hätte Christian mehr Kapazitäten für sie und Jasper. Wäre die Konstruktion eine andere, wäre die Liebe auch noch so wie am Anfang, so Vickys Fazit.

In der Patchwork-Liebesbeziehung gibt es im Vergleich mit klassischen Liebesbeziehungen einen zusätzlichen Sündenbock: die Familienkonstruktion. In klassischen Liebesbeziehungen wird diese gemeinsam entwickelt und sie wächst organisch. In Patchworkfamilien ist meist bereits eine Familienkonstruktion vorgegeben, die auf die Entwicklung der Liebesbeziehung mit einwirkt.

Als einen Vorteil dieser Sündenbockkonstruktion könnte man es ansehen, dass die Stiefmutter den Glauben an die tiefe Liebe und Verbundenheit zum Partner festhalten und aufrechterhalten kann. Und tatsächlich ist es oft so, dass die Liebe wieder aufflackert, wenn die Paarsituation für eine Zeit gesichert und die Familienkonstruktion außen vor ist. Die Schuld für alle Schwierigkeiten hat also einzig und allein die Konstruktion.

Dieser Logik entsprechend werden die Liebespartner zwar traurig sein, dass die Liebe nicht sein und lebendig gelebt werden kann, aber keiner muss sich und seine Liebesfähigkeit infrage stellen. Eine Trennung tut weh, aber viele Stiefmütter kennen sich damit gut aus. Sie haben entweder bereits eigene Trennungserfahrungen oder Trennungen, Trost und Trauer bei Freunden, Eltern oder Bekannten miterlebt. Daher erscheint es für viele junge Paare heute eine gängige Vorgehensweise zu sein, sich bei Schwierigkeiten zu trennen. Oftmals haben sie diese Umgangsweise bereits von ihren Eltern gelernt und haben gar keine Vorstellung davon, wie man unter solchen Umständen eine innige Beziehung entwickeln könnte.

Die Alternative zur Trennung ist die Auseinandersetzung (siehe Kapitel 3, Exkurs: Auseinandersetzung wagen statt Trennung riskieren!). Die fängt allerdings bei einem selbst an und geht mit Verunsicherung und Hilflosigkeit einher. Wieso sollte man das wollen? Das ist sehr anstrengend und man weiß nicht, wohin einen ein solcher Prozess führt.

Auf Vickys Versuch, die Konstruktion infrage zu stellen, reagiert Christian heftig und entschieden: An der Situation mit seinen Kindern wird sich nichts ändern! Sie muss damit klarkommen. Vicky ist verzweifelt. Wieso tut sie sich das Ganze noch an? Christian stellt sich gegen sie und sie soll trotzdem noch mitmachen?

Vicky hat den Impuls, sich zu trennen. Sie hat sich wirklich bemüht und viel getan: »Die anderen oder die Konstruktion ist schuld!« Das würden ihre Freundinnen und ihre Mutter auf jeden Fall auch so sehen. Die verstehen eh nicht mehr, wie sie das alles schafft. Als sie in der Beratung davon erzählt, hat sie einen bockig-trotzigen Gesichtsausdruck, der sie sehr kindlich wirken lässt. Das sage ich ihr und sie wird traurig. Bilder von früher aus ihrer eigenen Familie kommen ihr ins Gedächtnis. Früher waren es ihre großen Schwestern und ihr kleiner Bruder, die schuld daran waren, dass sie nicht auf dem Schoß ihres Vaters sitzen konnte. Für sie war kein Platz. Entweder hörte sie »Du bist doch schon groß, jetzt ist der Kleine dran!« oder »Jetzt ist mal Zeit für die Großen, für solche Gespräche bist du noch zu klein!«.

Vicky ist erschrocken über die Parallele, die sie jetzt

sieht: Christians Exfrau ist gerade wichtiger mit ihrer Arbeitslosigkeit als sie mit ihrem neuen Job. »Sie hat ernsthafte Probleme!«, waren Christians Worte, und die Kinder haben sowieso immer alles Recht der Welt: »Die armen Kleinen, im Gegensatz zu Jasper haben sie nicht jeden Abend ihren Papa zu Hause! Dann dürfen sie doch wohl wenigstens am Wochenende im Mittelpunkt stehen!«, äfft Vicky Christian nach. Sie weint, wie damals ist für sie kein Platz.

Was ist das Besondere an der Liebesbeziehung einer Stiefmutter?

Eine Stiefmutter muss sich mit der faktischen Situation auseinandersetzen, dass ihr Geliebter Vater ist. Diese Tatsache bringt zwangsläufig eine Konfrontation mit einer Familienkonstellation mit sich, zu der die Stiefmutter sich positionieren muss.

Meist ist es der Wunsch des Liebespaares zu einer großen Familie zusammenzuwachsen. Und dies kann auch gelingen, intuitiv, ohne dass man sich Gedanken darüber macht oder sich die vielen Aspekte, die die gemeinsame Entwicklung beeinflussen, bewusst machen muss. Falls es aber nicht so einfach gelingen will, können die folgenden Fragen und Ausführungen Inspiration zur Familienentwicklung geben:

Welche Bedeutung hat die Familienkonstruktion für eine Beziehung?

Was bedeutet das Vater-Sein des Partners für die Beziehung?

Wie geht man damit um?

Oft stehen die Familienkonstruktion und das Vater-Sein des Partners in der Kennenlernphase und in der ersten Verliebtheit im Hintergrund. Man ist »blind vor Liebe« und sieht nur das, was einem gefällt. Und dazu kann ja sogar auch das Vater-Sein gehören.

Debbie kennt Jürgen schon einige Jahre. Sie waren lange verliebt und sind ihre jetzige verbindliche Beziehung in ganz kleinen Schritten eingegangen. Beide sind selbstständig und hatten daher viel Freiraum, ihr Berufs- und Freizeitleben zu gestalten. Gegenseitig konnten sie sich gut unterstützen und motivieren, wenn es mal nicht so gut bei dem einen oder der anderen lief. Jürgen hat eine 10 Jahre alte Tochter, Ann-Kathrin, die jedes zweite Wochenende und ein oder zwei Nachmittage in der Woche bei ihm ist. Debbie versteht sich sehr gut mit ihr und wenn es nach Ann-Kathrin ginge, würde sie sehr viel öfter Zeit nur mit Debbie verbringen. Das wäre auch Jürgens Wunsch. Aber Debbie kann das nicht. Sie hat immer das Gefühl, zu sehr bestimmt zu sein, sich zu sehr anpassen zu müssen und nicht sie selbst sein zu können. Oft gibt es nach einigen Tagen, manchmal bereits nach Stunden Streit wegen irgendeiner Banalität und dann geht Debbie. Dann meldet sie sich tagelang nicht und geht nicht ans

Telefon. Sie muss sich vom Familienleben erholen und wieder zu sich kommen. Sie fühlt sich meist völlig erschöpft oder sogar krank. Das ist auch der Grund, weshalb Debbie und Jürgen noch nicht zusammengezogen sind. Wenn Ann-Kathrin nicht da ist, sind sie viel zusammen und sind ein tolles Paar. Mit Ann-Kathrin wird irgendetwas in Gang gesetzt, was Debbie das Gefühl gibt, sich zurückziehen zu müssen. Ihr geht es nicht gut und Jürgen ist sauer und wütend. Manchmal ist es so schlimm, dass sie ihre Beziehung infrage stellen. Was ist da los?

Ist die Verliebtheitsphase vorbei, wird die Frage nach dem Umgang mit der bereits vorhandenen Familie meist dringlicher. Aber auch jetzt findet dazu meist keine reflektierte, theoretische Auseinandersetzung statt, sondern man agiert und positioniert sich intuitiv. Unbewusst werden eigene Erfahrungen hervorgeholt, und die hängen immer auch mit der eigenen Herkunftsfamilie zusammen. Der eigene Familienfilm wird aktiviert und diese Bilder von früher übernehmen oft die Regie für den neuen Patchworkfamilienfilm. Unbewusst orientiert sich die Stiefmutter also an Mustern und Erfahrungen mit eigenen Kindern, mit dem Exmann und auch als Tochter. Dabei spielen erlernte Selbstverständlichkeiten (siehe Kapitel 2) eine große Rolle, aber auch Prinzipien, eigene Sehnsüchte und zu den Bildern gehörende Gefühlswelten. Lässt man all dies im Unbewussten und hinterfragt es nicht, kann es passieren, dass man ungewollt Verhaltensweisen, Gefühle und Mechanismen von damals auf die neue Situation überträgt.

Um zu verstehen, was bei Debbie in solchen Momenten passiert, mache ich mich in der Beratung mit Debbie auf die Suche nach Anhaltspunkten. Es ähnelt ein wenig einer Detektivarbeit: Man folgt Einfällen, beobachtet gut und stellt immer wieder die Frage nach dem Zusammenhang und dem roten Faden: Wie war ihre frühere Familiensituation?

Debbie ist Einzelkind und war immer die Prinzessin ihres Vaters. Sobald er von der Arbeit kam, war sie bei ihm und hat mit ihm gespielt; wenn er seine Ruhe brauchte, war sie einfach bei ihm und hat mit ihm ruhig gelesen. Sie hatte und hat heute noch eine sehr gute und innige Bindung zu ihrem Vater. Sie hat also keine »Vatersehnsucht«, die Jürgen erfüllen müsste. Gleichzeitig sieht sie bei Jürgen und Ann-Kathrin auch eine innige Bindung und gönnt den beiden das. Sie schätzt es sehr, dass Jürgen sein Vater-Sein so wichtig nimmt. Sie will diese Innigkeit nicht stören und weiß nicht, wie sie als dritte Person dazu passen könnte. Debbie lehnt sich zurück und wird ganz still. Es scheint, als zöge sie sich zurück, fast so, wie sie es vorher beschrieben hat, wenn sie die innige Beziehung von Jürgen und Ann-Kathrin miterlebt.

Was passiert gerade? Wie war das denn früher bei ihr und ihrem Vater? Wie passte ihre Mutter als Dritte mit hinein?

Als Debbie klein war, erinnert sie sich, haben die Eltern oft gestritten. Irgendwann hat das Streiten aufgehört, weil ihre Mutter krank wurde. Sie hatte Depressionen und war deshalb auch öfter in der Klinik. Der Vater und ihre Tante haben für die Mutter gesorgt und als Debbie älter war, hat sie oft auf die Mutter aufgepasst und war verantwortlich für ihre Tabletteneinnahme. Jetzt trägt ihr Vater wieder die gesamte Verantwortung für ihre Mutter.

Debbie erinnert keine innigen Situationen zu dritt. Sie war ihrer Mutter nah, wenn es der Mutter schlecht ging. Dann hat sie oft ganze Tage bei ihr gesessen und sich Sorgen gemacht. Wenn dann der Vater kam, ist sie in ihr Zimmer gegangen und hat auf ihren Vater gewartet.

Debbie hat also nie gelernt, wie man zu dritt innig sein kann. Oder wie man es ertragen und produktiv damit umgehen kann, wenn zwei eng miteinander verbunden sind. Automatisch hat sie als Dritte keine Erlaubnis mehr, es sich gut gehen zu lassen, wenn Jürgen und Ann-Kathrin innig miteinander sind. Sie stört und bekommt erst wieder Jürgens Liebe und Zuwendung, wenn sie ihm deutlich machen kann, wie schlecht es ihr geht.

Debbie ist erschrocken über diesen Zusammenhang. Sie macht es ja genau wie ihre Mutter! Das muss sie erst mal auf sich wirken lassen.

Debbie hat einen früheren Grundsatz ihrer Mutter unbewusst auf ihre neue Familie übertragen: »Sei nicht nahe, wenn bereits zwei Nähe miteinander haben!« Deshalb muss sie sich immer zurückziehen. Um wieder Nähe zu Jürgen herzustellen, muss sie seine Aufmerksamkeit auf sich ziehen, das geht gut, wenn sie leidet. Dann macht er sich Sorgen und kümmert sich um sie.

Wie hier bei Debbie gibt es natürlich ganz viele eingeprägte Grundsätze, die einer respektvollen Begegnung innerhalb der neuen Familie im Wege stehen können. Zum Beispiel sind Streit und Auseinandersetzung oft mit einem unbewussten Verbot belegt. Grundsätze wie »Schwestern streiten nicht!« oder »Der Klügere gibt nach!« oder die Erfahrung »Streit führt zur Trennung!« bewirken, dass man die eigenen Bedürfnisse hintanstellt und um »des lieben Friedens Willen« dem anderen das gibt oder erlaubt, was für ihn oder sie wichtig ist. Vielleicht hat man auch als Kind erlebt, dass man jedes Mal, wenn man sich und seine eigenen Bedürfnisse wichtig genommen hat und sich für diese eingesetzt hat, von den anderen mit Liebesentzug bestraft wurde oder jemand ganz traurig wurde und einem die »Schuld« zugeschrieben wurde. Daraus hat man als unbewussten Grundsatz mitgenommen: »Sei nicht wichtig!«

Es kann auch sein, dass in der Herkunftsfamilie Botschaften verankert wurden, die mit denen anderer sozialer Kontexte im Widerspruch standen. Ein süßes, kleines Mädchen erhält beispielsweise Zuwendung und Liebe, weil es süß und klein ist. Es nimmt unbewusst den Grundsatz mit: »Bleib klein und süß!« Gleichzeitig wird aber von der Schule, von den Freunden und durchaus auch von den Eltern in anderen Situationen gefordert, dass es sich entwickelt und groß und erwachsen wird: »Werde groß und erwachsen!« Diese sich widersprechenden Grundsätze könnten auf die neue Familie übertragen beispielsweise bedeuten, dass die Stiefmutter in der Liebesbeziehung klein und süß bleibt und deshalb geliebt wird. Gleichzeitig strengt sie sich aber an, in der Stiefmutterrolle groß und erwachsen zu sein, um Anerkennung zu bekommen. Wenn die beiden Positionen nun zusammenfallen, man also zum Beispiel während eines Wochenendes Geliebte und Stiefmutter gleichzeitig ist, gerät die Stiefmutter unter Druck. In dieser unbewusst übernommenen, kindlichen Logik läuft sie Gefahr, als große, erwachsene Frau von ihrem Partner nicht mehr geliebt zu werden und als süßes, kleines Mädchen nicht den Anforderungen zu genügen.

Oder die Stiefmutter hat als Kind die Erfahrung gemacht, dass sie nur unter bestimmten Bedingungen dazugehören durfte: »Nur wenn man für die anderen sorgt und sich um alles kümmert, gehört man dazu!« In der neuen Patchworkfamilie wird sie unbewusst alles managen, möchte alles im Griff haben, »organisiert« die anderen und denkt alle möglichen Konfliktpunkte vorsorglich durch. Die anderen Familienmitglieder fühlen sich in ihrer Freiheit beschränkt und grenzen sich stärker ab. Folge könnte sein, dass sich die Stiefmutter ausgegrenzt fühlt und ihr Grundsatz bestätigt wird: »Ich darf nicht dazugehören, egal wie sehr ich mich anstrenge!«

Patchwork: Hohe Hürde, aber auch besondere Chance für die Liebe

Die Tatsache, dass Stiefmütter mit ihrem Geliebten, der auch Vater ist, in eine vorgegebene Familienkonstruktion geraten, macht die Liebesbeziehung oft kompliziert, vielschichtig und unüberschaubar. Im Gegensatz zu klassischen Liebesbeziehungen, in denen man einen Schritt nach dem anderen tun kann, ist hier vieles gleichzeitig da: Man lernt den Partner kennen und lieben und steckt schon mitten drin in einer Familie. Man wächst nicht organisch hinein und hat keine Zeit, sich zu beobachten, zu überlegen und reflektiert zu handeln. Im Gegenteil, oft wird man überrascht, überrumpelt und überrannt. Man erlebt solche Situationen als neu und besonders, als Ausnahme- oder als Notsituation. Man muss oft Bauklötze staunen, dann in Abgründe blicken, und das immer verbunden mit dem Anspruch, in irgendeiner Art und Weise mütterlich und verantwortungsvoll zu sein. Oft sind spontane und schnelle Verhaltensweisen gefragt und in solchen Stresssituationen greifen alle Menschen auf Automatismen zurück, die man bereits als Kind gelernt hat. Das macht eine solche Beziehung sehr anspruchsvoll und intensiv. Aber oft auch sehr anstrengend.

Neben der fürsorglichen und liebevollen Stiefmutter will man schließlich auch die attraktive Geliebte sein. Und dann funkt auch noch der Blick des kleinen Mädchens von früher dazwischen. Wie soll man das alles im Griff haben und alle Bedürfnisse beachten?

Häufig überfordert das Ganze die neue Liebe und die Liebespartner können die Ansprüche, die sie an sich und die Beziehung haben, nicht erfüllen. Gefährlich und für die Beziehung bedrohlich wird es dann, wenn man die Bedürfnisse des kleinen Mädchen in sich zwar wahrnimmt und auch weiß, was es braucht (nämlich Liebe, Zärtlichkeit, Anerkennung, Wertschätzung …), aber die Erfüllung der Bedürfnisse alle an den Partner delegiert und sich selbst nicht dafür verantwortlich fühlt. Der Partner, die Liebe und damit die Beziehung sind überfordert und das Fundament für die ganze Patchworkfamilie bröckelt.

Chance in der Krise

Gerade in diesen Gefahren steckt aber auch die Chance. Anstatt sich vom Liebespartner und von der neuen Familienkonstellation zu lösen, kann die Stiefmutter sich entscheiden, ihre Bedürfnisse und ihre alten Familienmuster genauer zu erforschen: Welche Erwartungen und Ansprüche gehören zur Rolle der Stiefmutter, welche zur Geliebten? Und was ist mit dem kleinen Mädchen in einem? Dieser innere Kern ist verantwortlich für die Lust am Leben. Wenn die eigenen Bedürfnisse beachtet und erfüllt sind, kann man auch lustvoll auf die der anderen achten.

Vicky ist neben der verantwortungsvollen Mutter und Stiefmutter auch noch das kleine Mädchen, das immer weggeschickt worden ist. Diese kleine Vicky drängt sich gerade in den Vordergrund und haut auf den Putz. So kann es nicht mehr weitergehen! Und sie sieht ja auch schon Möglichkeiten bei Mutter, Schwester, Freundinnen, die »das kleine Mädchen« retten könnten. Das würde für die nächste Zeit helfen, aber dann? Vicky will die Beziehung nicht aufgeben.

Herausforderung und Chance ist es in einer solchen Situation, sich selbst dem kleinen Mädchen in sich anzunehmen und es in den Arm zu nehmen, es auf dem Schoß sitzen zu lassen, es ernst und wichtig zu nehmen. Vicky weiß, dass sie eine verantwortungsvolle und fürsorgliche Mutter ist, aber für sich selbst sorgen – wie soll das gehen?

Anstatt sich vom Partner zu trennen, der vielleicht noch nicht einmal das kleine Mädchen in einem wahrnimmt, gibt es hier die Chance, sich von alten Familienmustern zu trennen. Wie kann man sich selbst geben, was man sich so sehr von Vater oder Mutter gewünscht hat? Wie kann man sich von der Botschaft lösen, die Vater oder Mutter einem mitgegeben haben? Wie kann man Verantwortung für sich übernehmen und die Verantwortung für andere den anderen zurückgeben? Die Übertragung all dieser nicht eingelösten Sehnsüchte und ungelösten Konflikte auf den Partner klappt langfristig besonders in einer Patchworkkonstruktion nicht.

Mein lieber Mann, wieso tue ich mir das an? [13]

Die Antwort liegt über das anfangs selbstverständliche »Aus Liebe« hinaus vor allem in der eigenen Persönlichkeitsentwicklung: Wenn es gelingt, die Verhakungen der Herkunftsfamilie mit der aktuellen Familie zu lösen, die eigenen Verhaltensweisen vor dem Hintergrund anders und neu zu verstehen, dann wächst man und kann sich befreit von alten Lasten entfalten. Wenn der Partner losgelöst von alten Übertragungen gesehen und erfahren werden kann, bekommt die Liebe zum Partner Raum und damit Entwicklung und Wachstum. Die Patchworkfamilie liefert mit den Konflikten in vielerlei Hinsicht das dazugehörende kostenlose Persönlichkeitscoaching. An alltäglichen Schwierigkeiten kann geübt werden, die ganze Familie profitiert davon. Die Patchworkfamilie kann als Entwicklungskatalysator im Hinblick auf die eigene Liebesfähigkeit fungieren, gerade weil durch diese spezifische Familienkonstellation alte Konflikte reaktiviert und behandelt werden können.

Debbie merkte, dass ihre als Kind erlebten Familienerfahrungen tatsächlich immer wieder in ihren gegenwärtigen Alltag hineinspielten. Aber was sollte sie damit nun tun?

Es half ihr, die Situationen mit Jürgen und Ann-Kathrin differenzierter mit früher zu vergleichen und die Unterschiede wahrzunehmen. Es war entlastend, einen genaueren Blick auf die Beziehung der Eltern zu werfen, und zwar sowohl aus der Perspektive des kleinen Mädchens, das sie früher war, als auch aus ihrer jetzigen Position heraus. Und sie spürte, dass sie ihren Eltern nahe

177

und verbunden bleiben konnte und sich gleichzeitig entscheiden konnte, ihre eigene Beziehung nun anders zu gestalten. Erstaunlich war, dass ihr auf einmal noch mehr Situationen auffielen, zu denen diese Parallelen passten; und die hatten nichts mit ihrer Beziehung und Patchworkfamilie zu tun, sondern eher mit ihrer beruflichen Situation. Auch hier sieht sie neue Handlungs- und Entwicklungsoptionen für sich.

Kapitel 7
Die neue Stiefmütterlichkeit

Und was ist mit den Stiefvätern? Wieso ist das kein Buch für Stiefeltern?

Natürlich kommen auch Stiefväter, Mütter, Väter, Großeltern und Stiefgroßeltern in meine Praxis und suchen Rat. Und natürlich lade ich all diese auch ein, dieses Buch zu lesen und sich auch für ihre Positionen inspirieren zu lassen. Sie werden wahrscheinlich viele Situationen wiedererkennen und sagen: »Das gilt nicht nur für Stiefmütter, sondern auch für mich!«

Und das stimmt in gewissem Sinn – das stimmt genauso, wie jeder sich auch in Märchen wie Schneewittchen, Hänsel und Gretel und Aschenputtel wiederfinden kann. In den vorangegangenen Kapiteln wurden spezifische Zwickmühlen der Stiefmütter in der heutigen Gesellschaft beschrieben. Gleichzeitig sind diese seelischen Konflikte nicht neu und ausschließlich mit der Stief- oder Patchworkfamilie verbunden, sondern können auf viele andere Kontexte, in denen Menschen miteinander in Beziehung stehen, übertragen werden. Jeder kann jemand anderen stiefmütterlich behandeln oder stiefmütterlich zu sich selbst oder zu einer Sache sein. Für alle, die diesem Teil in sich auf die Spur kommen wollen, ist dieses Buch geschrieben.

Was sind die Besonderheiten für Stiefväter?

Stiefväter kommen bestimmt in vielen in diesem Buch genannten Punkten an ähnliche Grenzen und Konflikte wie die Stiefmütter. Sehr gerne kann dieses Buch dann auch als Inspiration für Bewältigungsmöglichkeiten genommen werden.

Meine Erfahrung in meiner Beratungspraxis ist aber, dass Stiefväter seltener unter Leidensdruck geraten als Stiefmütter. Sie suchen zumindest seltener Rat in meiner Familienpraxis als Stiefmütter.[14] Die Gründe dafür können vielfältig sein:

Das Bild des Stiefvaters lässt mehr Gestaltungsspielraum. Während das Bild der Mutter, an dem die Stiefmutter sich unbewusst orientiert, sehr mit Ansprüchen und Anforderungen überfrachtet ist, bietet das Bild des Vaters mögliche Auswege, ohne Ansehen zu verlieren. Im Gegenteil, allein die Tatsache, dass ein Mann bei einer Frau bleibt, die bereits Kinder hat, reicht, um diesen von vornherein als

»Retter der Familie« zu beschreiben. Versorgt der Stiefvater dann gar noch finanziell die Familie, hat er seine Aufgabe mehr als erfüllt und ihm stehen jegliche Freiheiten zu. Es ist aber auch nicht fragwürdig, wenn ein Stiefvater sich nicht an die »Restfamilie« bindet, sondern nur unverbindlich als »Hausfreund« ein- und ausgeht. Ebenso möglich und im Bild des Stiefvaters enthalten ist ein Mann, der sich als »weiteres Kind« mitversorgen lässt, damit er in einem anderen Bereich genügend Energie für seine Entfaltung hat. Keine dieser Verhaltensweisen würde als »stiefväterlich« bezeichnet und dadurch kritisiert werden; es gibt den Ausdruck »stiefväterlich« nicht.

Ein Stiefvater hat oftmals gar nicht den Anspruch, sich in die Erziehung der Kinder einzumischen. Ähnlich wie Väter im althergebrachten klassischen Familienmodell gehört der Aufgabenbereich Kinder und Familie oftmals auch heute noch klar zu dem der Frauen und viele Männer kämen gar nicht auf die Idee, sich dort einmischen zu wollen. Sie konzentrieren sich auf ihre Arbeit, die Versorgung der Familie, und haben eigene Männerbereiche. Daher leidet ein Stiefvater auch seltener unter der nicht vorhandenen Erziehungsberechtigung, anders als die Stiefmütter.

Ähnlich wie viele Väter hat ein Stiefvater, der selbst auch Vater ist, bei seiner ersten Frau oftmals schon bei der Geburt seiner Kinder die Erfahrung einer geschlossenen Mutter-Kind-Einheit gemacht, bei der er außen vor steht. Das heißt, er hat bereits Übung darin, in die zweite Reihe zurückgestuft zu werden. Für Stiefmütter ist das oft ein Hauptleidenspunkt.

Männer gehen zudem anders mit emotionalen Schwierigkeiten in der Familie um als Frauen. Während Frauen, also auch Stiefmütter, Konflikte in der Familie eher sich zuschreiben und sich für die Klärung verantwortlich fühlen, haben Männer, also auch Stiefväter, mehr Flucht- und Kompensationsmöglichkeiten. Sie ziehen sich eher zurück in ihre beruflichen Fluchtburgen, in Sportvereine und Hobbys, und verlagern so ihre Energie auf diese anderen Kontexte.

Stiefväter kommen daher seltener mit ihrer Rolle in der Patchworkfamilie in Konflikt und geraten stattdessen eher in eine grundsätzliche Auseinandersetzung, die ihr Mann-Sein und ihr Selbstverständnis betrifft. Ich vermute, dass sich diese Konflikte selten nur in der Patchworkfamilie zeigen, sondern auch im beruflichen Umfeld; wahrscheinlich suchen Männer eher in diesem Bereich Unterstützung.

Das Besondere der neuen Stiefmütterlichkeit

Jemanden oder etwas stiefmütterlich behandeln heißt, etwas oder jemanden vernachlässigen. In den vorhergehenden Kapiteln wurde deutlich, dass die Vernachlässigung nicht nur auf andere gemünzt ist, im Gegenteil: Die Gefahr bei Müttern und – durch die Konstellation besonders verstärkt – bei

Stiefmüttern ist groß, sich selbst zu vernachlässigen. Wenn man sich zu sehr Anforderungen und Ansprüchen einer Rolle verschreibt und diese perfekt erfüllen möchte, vernachlässigt man seine Persönlichkeit, verrät seine eigene Entwicklung, schränkt seine Lust und Leidenschaft ein und verhindert so Entfaltung und Wachstum der eigenen Persönlichkeit. Die so entstehende Unzufriedenheit ist häufig auch Ursache für die Einschränkung und Beschneidung anderer.

Meine Überlegungen zu dem neuen, positiven Begriff von Stiefmütterlichkeit finden interessanterweise Bestätigung in der alten Symbolik der Blumensprache. Dort gilt das Stiefmütterchen als Sinnbild für die Kraft der liebevollen Gedanken, das Symbol der Freidenker (Österreich und Frankreich) und im Mittelalter stand das Stiefmütterchen für humanistisches Gedankengut.

Die neue Stiefmütterlichkeit steht nicht mehr für irgendein Defizit, eine Schwäche oder einem Makel. Die neue Stiefmütterlichkeit kann eine Bereicherung und Hilfe für jede Familie sein – in mehrfacher Hinsicht:

Stiefmütterlichkeit bedeutet, einen klaren Blick zu haben

Stiefmütterlichkeit bedeutet, nicht Mutter sein zu müssen. Mütter lieben bedingungslos, beschützen und behüten, versorgen und umhegen ihre Kinder. Dieses Agieren ist intuitiv mit dem Muttersein verbunden und passiert in den ersten Jahren automatisch. Eine Stiefmutter jedoch hat den inneren Freiraum, innezuhalten. Gerade darin liegt eine Chance für die Patchworkfamilie. Die Stiefmutter muss nicht wie eine Mutter agieren, gleichzeitig muss ihr Agieren nicht zwangsläufig lieblos sein. Die Stiefmutter ist nicht blind vor Liebe, sondern kann sich aus Problemen und Konflikten herausziehen. Sie kann eine produktive Distanz zum Geschehen schaffen. Mit diesem klaren Blick kann die Stiefmutter helfen, große Konfliktknäuel zu entwirren und Familienselbstverständlichkeiten aufzudecken. Sie erkennt Schwierigkeiten oder Hilflosigkeit. Sie kann trennen zwischen einer alten Familiengeschichte und einem alltäglichen Konflikt.

Stiefmütterlichkeit bedeutet, einen Standpunkt zu beziehen und sich auseinanderzusetzen

Kinder wachsen die ersten Jahre in einer Symbiose mit ihrer Mutter auf. Es gibt nur einen Standpunkt, eine Perspektive. Die Mutter richtet sich nach dem Kind und das Kind nach der Mutter. In den ersten Lebensjahren ist dies sinnvoll und notwendig. Zur Entwicklung gehört aber auch, dass Kinder einen eigenen Standpunkt aufbauen und den der anderen wahrnehmen und lernen, respektvoll damit umzugehen. Stiefmütter können Kindern sehr gut dabei helfen. Sie sind wohlwollende Bezugsperson mit eigenem Standpunkt, an dem die Kinder sich orientieren und reiben können. Es kommt zu Konkurrenz, Positionskämpfen und Konflikten. Die Schwierigkeiten, Gefahren und Strategien der Auseinandersetzung können mit Stiefmüttern gut eingeübt werden.

Stiefmütterlichkeit bedeutet, Entwicklung in Gang zu setzen

Stiefmütter fungieren oftmals als Entwicklungshelferinnen. Gerade weil sie die Kinder nicht ständig behüten und in Schutz nehmen, ihnen blind alles verzeihen und ihnen jede Schwierigkeit aus dem Weg räumen wollen, werden die Kinder angestoßen zur Entwicklung. Sie sind bereit, die Kinder loszulassen und sie ihren Weg gehen zu lassen. Stiefmütter können wichtige Anstöße zur Entwicklung geben.

Stiefmütterlichkeit bedeutet verantwortungsvolle Selbstfürsorge

Stiefmüttern wird oft Egoismus vorgeworfen. Dieser scheinbar negative Egoismus kann entlastend für die ganze Familie sein. Die Stiefmutter kann die Erlaubnis zum eigenen Standpunkt und zur Selbstfürsorge geben, von der die ganze Familienkonstruktion profitieren kann. Stiefmütterlichkeit entlastet damit alle in der Familie von dem Druck, sich für die anderen aufzuopfern und sich als Erstes um die tatsächlichen oder auch nur vermeintlichen Bedürfnisse der anderen zu kümmern.

Die Stiefmutter kann dabei verantwortungsvolle Selbstfürsorge vorleben. Von ihrem Vorbild lernen die Kinder, auf sich zu achten, nicht über ihre Grenzen hinauszugehen und ihre Bedürfnisse zum Ausdruck zu bringen. Verantwortungsvolle Selbstfürsorge heißt dabei immer auch, die Bedürfnisse der anderen zu berücksichtigen, ohne für diese automatisch die Verantwortung zu übernehmen. Die Stiefmutter prüft eigene Ressourcen und stößt einen Kommunikationsprozess an.

Stiefmütterlichkeit bedeutet, sich glücklich um andere zu kümmern

Die so oft auf Flugreisen gehörte Handlungsanweisung im Notfall: »Versorgen Sie zuerst sich selbst mit Sauerstoff, kümmern sie sich dann um Kinder und andere Mitreisende!« könnte auch zum Leitsatz im Alltag werden. Die Stiefmutter kann in der Patchworkfamilie vorleben, dass Selbstfürsorge die Voraussetzung dafür ist, sich glücklich auch um andere kümmern zu können: Geht's mir gut, geht's allen gut!

Dank

Ein Stiefmütterbuch hätte es ohne die dazugehörige Familie nicht gegeben. Ich danke meinen Stiefkindern Moritz und Karola und meinen Kindern Matthias und Philipp für die immer noch anhaltenden Lehr- und Coachingstunden. Besonders in den letzten Wochen haben sie großmütig, geduldig und mit viel Liebe ertragen, wenn ich mich ums Buch und nicht um sie kümmerte.

Meinem Mann, Stephan Grünewald, danke ich für seine Liebe und Geduld im gesamten Buch- und Familienprozess. Vor allem hat er mir mit seiner Erfahrung als Autor und seinem fachlichen Können die ganze Zeit über hilfreich zur Seite gestanden und mir sowohl inhaltlich als auch strukturell sehr gute Impulse gegeben.

Frau Imke Rötger vom Kreuz Verlag hatte die Idee zu diesem Buch und hat mich von Beginn an intensiv, kreativ und fachlich sehr gekonnt unterstützt. Ihre Sichtweise, ihr Herzblut und Engagement haben mich sehr bereichert und sind mit in das Buch geflossen. Mit ihr macht Buchschreiben Spaß! Vielen Dank dafür!

Auch danke ich meinen Freundinnen Ina Genenger und Annette Heines, die mir als erste Leserinnen wertvolle Hinweise und Feedback gegeben haben.

Ein Riesendank gilt natürlich auch den vielen Stiefmüttern, die mich ins Vertrauen gezogen haben und die mich zu den Beispielen inspiriert haben.

Anmerkungen

1 Juul, J.: Aus Stiefeltern werden Bonuseltern, München 2011

2 Die Workshops für Stiefmütter finden zwei- bis dreimal im Jahr statt. An drei Abenden stehen für drei Stunden typische Stiefmütterfragen im Mittelpunkt des moderierten Austauschs. In einem kleinen Kreis mit maximal acht Teilnehmerinnen werden die einzelnen Familiensituationen betrachtet, mit therapeutischen Übungen unterstützt und gemeinsam individuelle Entwicklungsmöglichkeiten erarbeitet. Weitere Informationen erhalten Sie auf meiner Homepage www.patchworkfamilien.com.

3 Alle Fallbeispiele und Beratungssituationen sind erfunden. Inspirieren lassen habe ich mich aber von tatsächlichen Fällen in meiner Praxis.

4 Auf der Fortbildung 2010 zur familylab-Seminarleiterin in Hamburg hat Jesper Juul sehr anschaulich mit diesen oder ähnlichen Worten für mich beeindruckend deutlich gemacht, dass es in der Beziehung immer darum geht, miteinander in Dialog zu treten. Mehr Informationen zu Seminaren und Fortbildungen finden Sie auf der familylab-Homepage www.familylab.de.

5 Das produktive Trennungsprinzip – die Aus-einander-setzung – habe ich vom Transaktionsanalytischen Konzept der Abwertungsmatrix her übertragen. Gelernt und verstanden habe ich sie von Ute Hagehülsmann in meiner Transaktionsanalytischen Ausbildung in Rastede. Ute und Heinrich Hagehülsmann haben sie unter anderem auch in ihrem Buch »Der Mensch im Spannungsfeld seiner Organisation« für den Kontext eines Unternehmens beschrieben. Hagehülsmann, U. und H.: Der Mensch im Spannungsfeld seiner Organisation, Paderborn 2007

6 Familienkonferenz
Die Methode der Familienkonferenz ist in vielen Beratungs- und Therapieschulen als Konzept beschrieben und weiterentwickelt worden. Ich habe diese Methode bereits während meines Studiums beim Praktikum in einer Familienberatungsstelle kennengelernt, die mit Methoden der systemischen Familientherapie arbeitete. Als lösungsorientiertes Kommunikationsritual habe ich es bei Jesper Juul wiederentdeckt und mit vielen Familien in

meiner Praxis individualisiert und weiterentwickelt. Als Erstes wurde das Konzept der Familienkonferenz aufgeschrieben von Thomas Gordon. Gordon, T.: Familienkonferenz, Hamburg 1972, aktualisierte Taschenbuchausgabe München 2012

7 Largo, R. und Czernin, M. konzentrieren sich in ihrem Buch »Glückliche Scheidungskinder«, München 2007, auf die tatsächlichen Bedürfnisse der Kinder und zeigen Wege, diese zu erfüllen, egal in welchem Familienmodell.

Figdor, H. betrachtet in seinem Buch »Kinder aus geschiedenen Ehen: Zwischen Trauma und Hoffnung«, Gießen 2004, wie sich eine Scheidung langfristig auf die psychische Entwicklung auswirkt. Psychoanalytisch erklärt er Gefahren und Chancen für Eltern und Kinder.

Juul, J. beschreibt in seinem Klassiker »Die kompetente Familie«, München 2007, wie Eltern auch in schwierigen Situationen gute Entscheidungen treffen können.

8 Grünewald, S. analysiert in seinem Buch »Die erschöpfte Gesellschaft – Warum Deutschland neu träumen muss«, Frankfurt 2013, unter anderem die Situation der Jugend in Deutschland. Mit Scharfsinn und genauer Beobachtung erkärt er Phänomene unserer Gesellschaft: Vom Burnout über die Rastlosigkeit der Senioren und der Dynamik der aktuellen Tagespoitik bis hin zu den Allmachtsträumereien bei Facebook, Google & Co. und zeigt einen Ausweg: Träumen!

9 Meine Beratungen basieren auf dem Verständnis von psychologischer Behandlung wie Prof. Dr. W. Salber sie an der Universität Köln entwickelt hat. Das therapeutische Konzept der analytischen Intensivberatung (WGI) nutzt die Märchen als umfassende Bilder für spezifische Lebenskomplexe. Meine (unveröffentlichte) Abschlussarbeit dieser Therapieausbildung war gleichzeitig der Start zur Entwicklung meines Beratungskonzeptes für Patchworkfamilien. Die mit Hilfe tiefenpsychologischer Interviews gewonnene und analysierte psychologische Konstruktion von Patchworkfamilien ist die Basis meiner Arbeit.

Einen tieferen Einblick in die Analyse von Märchen und die therapeutische Arbeit damit liefert Salber, W.: Märchenanalyse, Bonn 1999. Ebenso zeigen die Bücher von Gloria Becker psychologische Analysen unserer märchenhaften Wirklichkeit auf. Becker, G.: Kontrolle und Macht, Bonn 2009. Liebe und Verrat, Bonn 2010

10 Online können Sie die Märchen beispielsweise hier lesen: http://www.grimmsmaerchen.net. Interessant illustriert ist eine alte, neu aufgelegte Ausgabe mit Bildern von Werner Klemke: Kinder- und Hausmärchen der Gebrüder Grimm, Weinheim 2012

11 »Tanguy – Der Nesthocker« ist ein Spielfilm des französischen Filmregisseurs Étienne Chatiliez aus dem Jahr 2001. Die Komödie erzählt die Geschichte eines 28-jährigen Mannes, der nicht von zu Hause ausziehen will.

12 Unter Helikopter-Eltern, auch Hubschrauber-Eltern oder als Fremdwort Helicopter Parents (engl. »helicopter parents« oder »paranoid parents«), versteht man populärsprachlich überfürsorgliche Eltern, die sich (wie ein Beobachtungs-Hubschrauber) ständig in der Nähe ihrer Kinder aufhalten, um diese zu überwachen und zu behüten. Ihr Erziehungsstil ist geprägt von (zum Teil paranoider) Überbehütung und exzessiver Einmischung in die Angelegenheiten des Kindes beziehungsweise des Heranwachsenden. In Deutschland bekannt wurde der Begriff durch das Buch »Helikopter-Eltern« von Joseph Kraus, Reinbek 2013.

13 Eine stabile und beglückende Beziehung braucht Autonomie und Abhängigkeit. Warum das eine nicht ohne das andere zu haben ist, beschreiben Ute und Heinrich Hagehülsmann in ihrem Buch »Entschieden für Dich«. Hagehülsmann, U. und H.: Entschieden für Dich, Freiburg 2011
Einen Beziehungsratgeber in Form eines höchst unterhaltsamen Romans hat Jorge Bucay geschrieben. Sehr empfehlenswert. Bucay, J.: Liebe mit offenen Augen, Zürich 2008

14 Eine intensive Auseinandersetzung mit dem Leben in einer Patchworkfamilie aus Sicht des Stiefvaters liefert G. Bliersbach. Bliersbach, G.: Leben in Patchworkfamilien. Halbschwester, Stiefväter und wer sonst noch dazugehört, Gießen 2007

Literatur

Becker, G.: Kontrolle und Macht. Bonn 2009

Becker, G: Liebe und Verrat. Bonn 2010

Bliersbach, G: Leben in Patchworkfamilien. Halbschwester, Stiefväter und wer sonst noch dazugehört. Gießen 2007

Bucay, J.: Liebe mit offenen Augen. Zürich 2008

Figdor, H.: Kinder aus geschiedenen Ehen: Zwischen Trauma und Hoffnung. Gießen 2004

Gordon, T.: Familienkonferenz. Hamburg 1972, aktualisierte Taschenbuchausgabe München 2012

Grimm, J: Kinder- und Hausmärchen der Gebrüder Grimm. Weinheim 2012

Grünewald, S.: Die erschöpfte Gesellschaft. Warum Deutschland neu träumen muss. Frankfurt 2013.

Hagehülsmann, U. und H.: Der Mensch im Spannungsfeld seiner Organisation. Paderborn 2007

Hagehülsmann, U. und H.: Entschieden für Dich. Freiburg 2011

Juul, J.: Aus Stiefeltern werden Bonuseltern. München 2011

Juul, J.: Die kompetente Familie. München 2007

Kraus, J.: Helikoptereltern. Reinbek 2013

Largo, R. und Czernin, M.: Glückliche Scheidungskinder. München 2007

Salber, W.: Märchenanalyse. Bonn 1999